LA
MUTUALITÉ LIBRE

A L'ÉTRANGER

Exemples et Enseignements

PAR

MAURICE BELLOM

Prix : 1 fr. 75

BORDEAUX
LIBRAIRIE DE LA MUTUALITÉ
ET DES ŒUVRES SOCIALES
10-12, Rue Saint-Christoly, 10-12

1906

LA

MUTUALITÉ LIBRE

A L'ÉTRANGER

Exemples et Enseignements

PAR

MAURICE BELLOM

BORDEAUX

LIBRAIRIE DE LA MUTUALITÉ

ET DES ŒUVRES SOCIALES

10-12, Rue Saint-Christoly, 10-12

1906

AVANT-PROPOS

Si l'étude de la mutualité libre à l'étranger ne présente pas la même uniformité de cadre que celle de la mutualité obligatoire, elle n'est pas moins intéressante par les observations qu'elle suggère, ni moins instructive par les leçons qu'elle fournit.

Dans un ouvrage spécial (1), j'ai exposé le fonctionnement et les résultats de lois qui ont édicté l'assurance obligatoire sous la forme mutuelle. Je n'entreprends pas, à l'heure actuelle, la même tâche pour la mutualité libre : je n'ai pas l'intention de présenter ici, dans tous ses détails, le tableau des institutions mutualistes de tous les pays qui jouissent du régime de la liberté.

Je me bornerai à des exemples dont la valeur réside dans les enseignements qui s'en dégagent.

Décembre 1905.

(1) *Les lois d'assurance ouvrière à l'étranger.* 8 vol. gr. in-8** parus, 1892-1905 (2 vol. en préparation).

LA
MUTUALITÉ LIBRE

A L'ÉTRANGER

Exemples et Enseignements

I

AUTRICHE

Les Caisses de secours enregistrées.

Après avoir adopté depuis 1887 pour les accidents, depuis 1888 pour la maladie, les systèmes de l'étatisme allemand, le législateur autrichien s'est arrêté dans la voie de l'obligation en matière d'assurance ouvrière. Peut-être les difficultés financières que traversent les établissements officiels d'assurance contre les accidents n'ont-elles pas été étrangères à l'abstention du Gouvernement autrichien quant à l'institution immédiate d'un régime obligatoire de pensions ouvrières; aussi bien la publication du programme gouvernemental de décembre 1904 (1) annonce une nouvelle étape sur le terrain de l'obligation. Il est du moins

---

(1) Voir mon analyse détaillée de ce programme dans le n° 8 de 1905 du *Bulletin du Comité permanent du Congrès international*

caractéristique de voir l'Autriche en 1892, presque au lendemain de l'entrée en vigueur de la loi allemande de 1889 sur l'assurance obligatoire contre l'invalidité et la vieillesse, promulguer une loi qui organise les cadres d'un système de Caisses de secours issues de la libre initiative des intéressés.

Cette loi, qui porte la date du 16 juillet 1892, vise des Caisses de secours que le législateur qualifie d'enregistrées, par suite des formalités auxquelles est subordonnée leur reconnaissance officielle. Antérieurement à la loi de 1892, des Caisses libres s'étaient fondées en vue de fournir des secours de maladie, des pensions de retraite et d'autres subsides ; elles émanaient la plupart de l'association d'ouvriers qui les alimentaient de leurs propres deniers. Assujetties à une surveillance de fait sous l'empire d'une loi générale des Sociétés du 26 novembre 1852, ces Caisses échappaient à tout contrôle technique, bien que la réglementation qui leur était appliquée fût de nature, par sa rigueur, à entraver le développement de la mutualité.

La loi du 16 juillet 1892 a remédié à ces inconvénients par l'institution d'un régime approprié à l'objet spécial des Caisses de secours et par l'organisation de mesures techniques qui en garantissent la solidité financière.

Aux termes de l'article premier de la loi, les Caisses ont un ou plusieurs des objets suivants :

---

des Assurances sociales, et ma critique du même programme dans l'Économiste français du 23 septembre 1905. Voir aussi dans mon article intitulé Les Assurances ouvrières devant le Congrès de Vienne (Revue politique et parlementaire du 10 novembre 1905) l'exposé de la discussion de ce programme dans les milieux autrichiens.

1° Allocation de secours de maladie;

2° Paiement d'indemnités funéraires;

3° Service de pensions d'invalidité et de vieillesse;

4° Service de pensions de veuves et d'orphelins;

5° Paiement, à une époque déterminée, d'une somme d'argent entre les mains d'un tiers désigné par un membre de la Caisse.

A ces objets principaux peuvent s'ajouter des objets accessoires, tels que : allocation, soit de secours en cas de chômage, soit de frais de voyages pour déplacements effectués en vue de chercher du travail, assistance pour l'obtention d'un emploi, création de salles de lecture et de bibliothèques.

Des travaux préparatoires de la loi il ressort qu'aux yeux du législateur autrichien, les bienfaits des assurances ouvrières deviennent illusoires lorsque l'ouvrier manque de travail; il ne peut plus, en effet, payer la cotisation statutaire et est, par suite, déchu de tout droit. Le constant souci du législateur a donc été de faciliter à l'ouvrier le moyen de trouver un emploi; mais, en associant les Caisses de secours à la réalisation d'une telle œuvre, il a voulu que la prestation de ce service ne pût compromettre le fonctionnement de la Caisse; celle-ci pourrait, en effet, devenir l'auxiliaire d'une grève et, au point de vue de la science des assurances, un concours de cette nature échappe à toutes les prévisions. Aussi la loi a-t-elle non seulement exigé une séparation intégrale entre les objets accessoires et les objets principaux de la Caisse, mais encore investi l'autorité administrative du pouvoir de priver une Caisse de secours, à titre temporaire ou définitif, du droit d'assumer les charges accessoires et de percevoir des cotisations destinées à y faire face, si la Caisse fait un usage illégal ou antistatutaire de la faculté que la loi lui a conférée.

La qualification d'enregistrées dérive de l'institution d'un registre sur lequel toute Caisse doit être portée si elle en fait la demande et ses statuts ne renferment aucune disposition illégale. Le registre est public : il en est tenu deux exemplaires, l'un auprès de l'autorité provinciale, l'autre au Ministère de l'Intérieur.

La loi exige en outre (art. 19) que, si une Caisse se propose de faire le service de l'assurance contre l'invalidité et la vieillesse, elle soumette au ministre de l'Intérieur son plan d'assurance pour examen et homologation, et qu'elle justifie que deux cents personnes au moins ont déclaré vouloir s'assurer sous cette forme. Elle prescrit, d'autre part, l'évaluation quinquennale par un actuaire des ressources et des charges, et la présentation des résultats de cette évaluation sous la forme d'un bilan technique dont les assurés peuvent prendre connaissance.

Elle prévoit de plus (art. 14) la création d'associations de Caisses, qui peuvent avoir en particulier pour objet la constitution d'un fonds de réserve commun, le placement de capitaux, la surveillance de l'administration de chaque Caisse, la nomination d'agents communs, la conclusion de contrats avec les médecins, les pharmaciens et les hôpitaux, la création de maisons hospitalières et de pharmacies, enfin l'établissement de statistiques.

Les dispositions législatives qui précèdent ne méritent pas seules une mention en raison de la sagacité et de la précision qui les caractérisent ; les mesures réglementaires qui les complètent doivent aussi retenir l'attention. Le Gouvernement autrichien ne s'est pas borné à rendre une ordonnance du 1er décembre 1892 pour l'exécution de la loi, et à adresser aux autorités compétentes une circulaire explicative du 11 décembre 1892; il a rédigé et publié, le 30 décembre 1894, un statut-type très détaillé et un plan d'assurance (1); ce dernier prévoit l'assurance de pensions de vieillesse, celle de pensions de veuves et d'orphelins et celle de dotation d'enfants; il indique les tables de mortalité et le taux d'intérêt admis; enfin, il est accompagné de tables qui donnent :

1o Pour les pensions de vieillesse, le montant de la pension acquise à cinquante-cinq, soixante, soixante-cinq ou soixante-dix ans, par un versement unique égal à l'unité effectué à un âge déterminé, et le montant de la prime unique, annuelle ou mensuelle, nécessaire, à chaque âge, pour l'obtention d'une pension égale à 100 à l'un des âges précités;

2o Pour les pensions de veuves et d'orphelins, le montant de la prime unique, annuelle ou mensuelle, pour diverses combinaisons d'âge de deux conjoints, en vue de l'obtention d'une pension de veuve égale à 100 et des pensions d'orphelins correspondantes;

3o Pour l'assurance de dots aux enfants, le montant de la prime unique, annuelle ou mensuelle, nécessaire pour constituer, à l'âge de dix-huit, vingt, vingt-deux ou vingt-quatre ans, une dot égale à 100, en tenant compte de l'âge de l'enfant lors du versement de la prime et de la différence d'âge entre l'enfant et le débiteur de la prime.

S'il m'a semblé utile de présenter ces détails cir-

---

(1) M. Richard Kaan, secrétaire de l'établissement d'assurance ouvrière contre les accidents de Vienne, a réuni tous ces documents en un volume qui constitue un précieux guide manuel, sous le titre : *das Gesetz vom 16 Juli 1892 (Hilfskassengesetz)*, Vienne, 1895.

constanciés sur les données numériques mises par le
Gouvernement autrichien à la disposition des Caisses
de secours, c'est que j'ai tenu à montrer qu'il était
possible de satisfaire à un desideratum formulé par
tout organisateur sagace d'une Société mutualiste et
de permettre aux Sociétés de secours mutuels de
connaître par avance, d'une manière au moins
approximative, les conditions auxquelles elles peuvent
être admises à fonctionner comme organes d'assurance sous un régime général de retraites ouvrières.

D'une part, en effet, les personnes qui se préoccu-
pent de créer une Caisse garantissant des allocations
déterminées ne peuvent que se baser sur des tarifs
existants, sous réserve de les modifier plus tard
d'après la loi de mortalité et de morbidité du personnel assuré; il leur est donc indispensable de
posséder des tarifs établis par avance; l'initiative
privée a cherché sans doute, en France, à fournir
ces documents aux mutualistes; il convient toutefois
de remarquer qu'en l'absence de consécration officielle donnée par l'Administration, ils ne sauraient
fournir à ceux qui les appliquent la même certitude
d'homologation administrative que les tarifs autrichiens au regard des Caisses enregistrées.

D'autre part, il est nécessaire qu'une Société désireuse d'obtenir la reconnaissance officielle puisse
connaître le taux de cotisation qu'elle devra, dans
l'avenir, appliquer à ses membres pour leur maintenir les avantages qui leur sont, à l'heure actuelle,
sinon garantis, du moins alloués dans la mesure des
ressources disponibles. C'est seulement après le cal-
cul des sommes exigées de ce chef qu'une Société
où le sentiment de la fraternité a plus de place que
la science actuarielle pourra décider si elle préfère

continuer le rôle qu'elle s'est librement assigné en faveur de ses membres, ou, au contraire, accepter les prescriptions rigoureuses imposées par le législateur aux institutions qui prétendront être assimilées aux établissements officiels d'assurance de pensions.

En d'autres termes, les encouragements dus à la mutualité par les pouvoirs publics ne sauraient consister uniquement en subsides financiers; ils supposent également des conseils pratiques et des données techniques; les statuts-modèles dont la mutualité française est dotée représentent l'un de ces éléments; les tables de morbidité dont l'élaboration se poursuit en constituent un autre; mais l'outillage de la mutualité ne sera complet que le jour où des tarifs-modèles, appropriés aux diverses circonstances de la pratique, auront été dressés et publiés par l'administration compétente.

Les détails qui précèdent montrent comment des tarifs de cette nature peuvent être conçus et exécutés. Au reste, les divers taux d'intérêt usuels devraient y être prévus eu égard à la législation qui régit en France les Sociétés de secours mutuels.

C'est l'expression de ce vœu qui nous paraît être la conclusion naturelle et le principal enseignement à dégager de l'étude des Sociétés de secours autrichiennes.

II

BELGIQUE

———

§ 1. — Les Sociétés de secours mutuels.

Les Sociétés de secours mutuels belges remplissent
essentiellement une double mission : d'une part,
elles fonctionnent comme organes d'assurance contre
la maladie ; d'autre part, elles servent d'intermé-
diaires entre le mutualiste et la Caisse générale
d'épargne et de retraite dans l'organisation des
retraites ouvrières.

C'est uniquement au premier de ces deux points de
vue qu'elles seront examinées dans le présent
chapitre.

La loi du 23 juin 1894, qui les régit, leur attribue
par son article premier un ou plusieurs des buts
suivants :

1° Assurer aux sociétaires et aux membres de
leur famille des secours temporaires en cas de maladie, de blessures, d'infirmités, ou en cas de naissance d'un enfant ; pourvoir aux frais funéraires ;
accorder des secours temporaires à la famille des
sociétaires décédés ; faciliter aux sociétaires et aux
membres de leur famille l'affiliation aux Caisses
d'épargne, de retraite et d'assurance de la Caisse
générale d'épargne et de retraite fonctionnant sous
la garantie de l'État ;

2° Assurer aux sociétaires une indemnité en cas de

perte ou de maladie du bétail ou en cas de dommage causé à la récolte par des cas fortuits ;

3° Faciliter aux sociétaires et aux membres de leur famille, mais à l'exclusion de tous autres, par l'accumulation de leurs épargnes, l'achat d'objets usuels ou de consommation, d'instruments de travail, d'animaux domestiques ou d'objets destinés à pourvoir à des nécessités temporaires et périodiques, notamment d'engrais ou de semences ;

4° Faire aux sociétaires des prêts ne dépassant pas le chiffre de 300 francs.

En un mot, indépendamment du secours de maladie, les Sociétés mutualistes peuvent réaliser l'assurance de personnes ou de choses, l'achat en commun et le prêt mutuel.

La reconnaissance officielle est de droit lorsque les Sociétés ne poursuivent qu'un seul des objets prévus par la loi : elle est, au contraire, subordonnée à une décision gouvernementale lorsqu'elles en poursuivent plusieurs ou lorsqu'elles ont pour objet la constitution d'un fonds distinct en vue de venir en aide, par des allocations annuelles, aux sociétaires âgés ou infirmes, ou, après leur mort, aux membres de leur famille.

En se limitant à l'examen du rôle des Sociétés mutualistes belges comme organes d'assurance contre la maladie, il est instructif d'étudier les dispositions légales qui en règlent le fonctionnement technique.

On sait que le risque de maladie varie avec l'âge : dans une Société d'adultes, il diminue de l'âge de dix-huit ans à celui de vingt-six ans, pour s'élever ensuite. Dès lors, la cotisation à exiger de chaque sociétaire devrait croître d'année en année à partir de la neuvième et atteindre vers la fin de la vie un chiffre très considérable. On est donc amené à exiger de chaque sociétaire une cotisation qui est fixée en raison de son âge lors de l'entrée dans la Société, mais qui ne varie plus durant toute la période de son affiliation. La cotisation constante est plus élevée, pour les âges inférieurs, que la cotisation qui serait rigoureusement nécessaire eu égard aux risques de maladie ; elle est, par contre, moindre que la cotisation mathématiquement adéquate aux risques des âges élevés.

Elle a été définie comme suit par le savant actuaire belge, M. Duboisdenghien, pour un franc de secours par jour de maladie :

AGE à l'entrée	COTISATION par mois	AGE à l'entrée	COTISATION par mois	AGE à l'entrée	COTISATION par mois	AGE à l'entrée	COTISATION par mois
	francs		francs		francs		francs
16	0 57	26	0 62	36	0 74	46	0 93
17	0 57	27	0 63	37	0 76	47	0 94
18	0 57	28	0 64	38	0 77	48	0 96
19	0 57	29	0 65	39	0 79	49	0 98
20	0 58	30	0 66	40	0 81	50	1 01
21	0 59	31	0 67	41	0 83	51	1 03
22	0 60	32	0 69	42	0 84	52	1 05
23	0 60	33	0 70	43	0 86	53	1 07
24	0 61	34	0 71	44	0 88	54	1 09
25	0 61	35	0 73	45	0 90		

De la loi de variation entre la cotisation constante et la cotisation mathématiquement exigible, il résulte que, pour les sociétaires jeunes, la Société encaisse des sommes excessives grâce auxquelles elle pourra faire face aux insuffisances des cotisations des dernières années. Les excédents de l'origine de chaque

sociétariat constituent pour la Société les *réserves
mathématiques*, c'est-à-dire la différence entre la
valeur des indemnités de l'avenir due par la Société
et la valeur des cotisations futures des sociétaires.
Chacun des sociétaires a une créance propre sur l'ensemble de ces excédents : c'est ce qui constitue sa
réserve individuelle; elle croît jusqu'à un âge voisin
de cinquante-deux ans pour devenir nulle à l'âge
limite de l'assurance.

Cette part dans l'avoir social doit être logiquement,
en cas de mutation du sociétaire, transférée à la
Société nouvelle dont il devient membre.

La loi belge de 1894 stipule, au contraire, dans
son article 17, que le remboursement de tout ou
partie des cotisations, — déduction faite des allocations servies —, peut être accordé par les statuts
dans deux cas :

1° Dans le cas de non-admission comme membre
d'un candidat auquel un noviciat a été imposé avant
son admission définitive ;

2° Dans le cas de l'affiliation d'un sociétaire à une
Société mutualiste reconnue d'une autre localité,
lorsqu'il s'agit d'un simple transfert de fonds d'une
Société à l'autre.

Cette disposition légale a motivé le refus de la
reconnaissance légale à la Société d'indemnités pécuniaires du personnel de la Caisse générale d'épargne
et de retraite, dont les statuts consacraient « la
remise pure et simple, au membre démissionnaire,
de sa réserve individuelle, sans autre restriction que
celle qui impose au moins deux années pleines de
sociétariat » (1).

---

(1) Omer Leproux, *Bulletin de la Prévoyance*, 1903, p. 110.

L'émotion causée par ce refus a provoqué de la part de l'éminent directeur général de la Caisse, M. Omer Lepreux, une demande de revision de la loi de 1894 (1).

Il a fait tout d'abord ressortir le caractère illogique des conséquences du texte de l'article 17 qui conduisait au rejet de dispositions statutaires conformes à la technique actuarielle. De plus, il a signalé le côté « antimutualiste » et le danger de la faculté, donnée par le même texte, du remboursement intégral des cotisations versées : d'une part, en effet, les cotisations du membre sortant ont été en partie absorbées par les frais de maladie des autres sociétaires; le départ d'un mutualiste, qui quitte la Société sans avoir été malade, ne justifie donc pas la restitution complète de ses cotisations, qui serait la négation de toute solidarité entre les affiliés; d'autre part, l'abandon simultané d'une Société par tous ses membres valides pourrait la conduire à la ruine en dépit de l'application des règles de la science des assurances. Enfin, M. Lepreux a montré qu'en cas de dissolution, la portion de l'actif qui reste après paiement des dettes et constitution des ressources nécessaires pour faire face aux engagements sociaux, devrait être répartie entre les membres appartenant à la Société depuis un an au moins, non au prorata des cotisations payées —, ainsi que le prévoit l'article 30 de la loi, — mais proportionnellement à la part respective des membres dans l'avoir de la Société.

A la proposition de revision que formule M. Omer Lepreux doit évidemment s'ajouter le vœu de l'établissement aussi prompt que possible des « tables de

(1) Omer Lepreux, *Bulletin de la Prévoyance*, 1903, p. 149.

risques » que l'article 34 de la loi de 1894 prescrit au Gouvernement de faire dresser pour les Sociétés de secours mutuels.

En attendant la réalisation de ces desiderata, les actuaires belges prodiguent aux mutualistes, dans le *Bulletin de la Prévoyance*, les conseils les plus pratiques et les plus éclairés. Ils cherchent notamment à dissiper tout malentendu entre les administrateurs des Sociétés et les techniciens de l'assurance. Ils ne cessent de répéter qu'ils n'ont nullement la prétention « de se substituer aux mutualistes de la vieille école dans la direction du mouvement mutualiste »; ils repoussent la qualification de « mutualistes en chambre », déclarant que leur rôle se réduit à celui de conseillers désintéressés.

Le tract récemment consacré par M. Duboisdenghien à l'établissement du « Bilan complet des Sociétés de secours mutuels contre la maladie » et précédé d'une introduction de M. Lepreux, est une des plus heureuses manifestations de cet apostolat social.

Ces intelligents efforts, tentés pour éclairer le généreux dévouement des mutualistes, ne restent pas stériles en Belgique. Le souci de mettre à la portée des plus petites Sociétés les éléments de la comptabilité financière et des bilans techniques, le zèle inlassable qui se manifeste dans la répétition des avis essentiels et des définitions fondamentales, la constante préoccupation de montrer à la fois la nécessité et la simplicité des méthodes scientifiques, font pénétrer peu à peu dans la population belge le sentiment que l'application judicieuse des règles actuarielles constitue pour la mutualité la meilleure garantie de succès.

§ 2. — La Caisse générale d'épargne et de retraite.

La Caisse générale belge d'épargne et de retraite, instituée par la loi du 16 mars 1865 sous la garantie de l'État, effectue des opérations simultanées mais distinctes d'épargne, de retraite et d'assurances. La simple indication de l'œuvre de la Caisse suffit à expliquer l'impossibilité de présenter dans les limites étroites de ce cadre le mécanisme complet d'une aussi vaste institution. Aussi bien les deux dernières branches d'opérations, la retraite et les assurances, offrent-elles pour les mutualistes un intérêt d'actualité supérieur à celui du service d'épargne. La présente étude leur sera donc presque entièrement consacrée.

En ce qui concerne l'épargne, il suffira de caractériser par des chiffres et par un exemple l'importance du développement et la liberté d'action de la Caisse.

D'une part, le nombre des livrets a plus que doublé en dix ans (869,947, au 31 décembre 1892; 1,973,980, au 31 décembre 1902); il en a été de même du montant des dépôts sur livrets (351 millions et 731 millions respectivement aux dates précitées).

D'autre part, le 12 février 1903, le Gouvernement belge a déposé à la Chambre des représentants un projet de loi autorisant la Caisse d'épargne à employer ses capitaux à des placements productifs autres que ceux qui lui sont actuellement permis. Les placements en fonds étrangers seraient autorisés jusqu'à concurrence de 20 % du total des placements en fonds belges; la Caisse pourrait aussi, avec l'autorisation du ministre des Finances, acquérir des obligations de Sociétés étrangères qui ont fait face à tous leurs engagements pendant cinq années consécutives et dans lesquelles des intérêts belges sont engagés ; elle pourrait, en outre, effectuer des placements en prêts sur hypothèque maritime ou fluviale, et faire des avances aux provinces, aux communes et aux établissements publics sur les subsides accordés pour travaux d'utilité publique ; enfin, elle serait autorisée à employer une partie de ses fonds disponibles en prêts pour la construction ou l'achat d'habitations ouvrières. Le Parlement belge n'a pas encore voté ce projet.

L'intérêt spécial que la Caisse de retraite belge offre au point de vue mutualiste résulte du mode de l'intervention financière de l'État en vue de favoriser l'affiliation à la Caisse ; cette intervention se manifeste sous deux formes : 1o par des primes attribuées aux affiliés proportionnellement aux versements effectués par eux ou pour eux à la Caisse de retraite ; 2o par des subventions annuelles accordées aux Sociétés mutualistes reconnues, à raison de 2 francs par livret sur lequel a été versée une somme minima de 3 francs.

La loi du 10 mai 1900 a fixé d'une manière générale, par son article 5, la prime annuelle à 60 centimes par franc et par livret, jusqu'à concurrence de 15 francs versés, chaque titulaire ne pouvant d'ailleurs avoir qu'un seul livret. L'article 8 de la même loi accordait la jouissance de la prime, jusqu'à concurrence d'un versement annuel de 24 francs, aux intéressés qui avaient atteint l'âge de quarante ans au 1er janvier 1900.

Aux termes de la loi du 20 août 1903, modificative de l'article 8 de la loi du 10 mai 1900, la prime par franc atteint jusqu'à concurrence des six premiers francs versés, 1 franc, 1 fr. 50 et 2 francs respectivement pour les intéressés dont l'âge au 1er janvier 1900 est compris entre quarante et quarante-cinq ans, entre quarante-cinq et cinquante ans ou supérieur à cinquante ans.

Les primes sont, du reste, inscrites sur les livrets, ce qui permet à l'intéressé de constater l'importance des sacrifices de l'État au fur et à mesure de leur production.

Quant aux subventions, elles sont indépendantes des primes; elles sont remises aux Sociétés qui en disposent librement; la plupart les inscrivent sur les livrets correspondants des mutualistes.

Ces derniers versements tendent de plus en plus à être effectués à capital aliéné; le compte rendu de la Caisse se félicite de trouver dans ce fait une preuve que les Sociétés « commencent à comprendre mieux la supériorité du mode de versement à capital abandonné pour la constitution de pensions de retraite, et qu'elles entendent se spécialiser dans la poursuite de leur but, qui est la constitution de pensions de vieillesse et non la formation de capitaux de patrimoine ».

Le régime institué de la sorte par la loi du 10 mai 1900 a provoqué en 1900 et 1901 un mouvement exceptionnel d'affiliations à la Caisse de retraite. Le nombre des comptes nouveaux a passé de 66,712 en 1899 à 136,384 en 1900 et 133,606 en 1901. Celui des versements s'est élevé de 627,100 à 856,116 et 1,368,406, tandis que le montant de ces versements croissait de 4,598,636 fr. 98 à 5,121,056 fr. 02 et 8,853,414 fr. 08. Il est vrai que le nombre des affiliations au cours de l'année 1902 a été inférieur de près d'un tiers aux chiffres des deux années précédentes, — il n'a pas excédé 90,597 — et que la décroissance a continué en 1903 et 1904 avec 72,147 et 66,825 comptes nouveaux. Toutefois, on ne saurait en conclure que la tendance au recrutement des affiliés dans les Sociétés mutualistes ait perdu de son activité ; le ralentissement constaté provient de la régularisation d'un mouvement qui, au lendemain de l'application de la loi de 1900, devait nécessairement se produire avec une intensité anormale.

Au surplus, si le nombre des affiliations a diminué, le nombre et le montant des versements n'ont cessé de croître ; ils ont atteint, en 1902, respectivement 1,810,402 et 9,900,404 fr. 21. Cette ascension est d'autant plus remarquable qu'un arrêté royal du 9 avril 1902 a spécifié que les versements pour acquisition de rentes immédiates ou de rentes différées de moins de trois ans ne pourraient, sauf autorisation préalable du Conseil d'administration de la Caisse, dépasser 300 francs par an ; l'intervention de cet arrêté était justifiée par la nécessité de s'opposer à l'extension des opérations de rentes immédiates ou peu différées, effectuées en général par des personnes qui, sélectionnées, constituaient au sein de la population assurée un groupe dont la mortalité était sensiblement inférieure à celle qui a été prise pour base des tarifs de la Caisse. Le nombre des versements a atteint 1,857,326 en 1903 et 1,942,677 en 1904.

Le nombre des Sociétés mutualistes qui affilient leurs membres à la Caisse était au 31 décembre 1904 de 5,053, savoir : 4,309 d'adultes et 744 d'écoliers. Les chefs d'industrie qui affilient leur personnel à la Caisse étaient à la même époque au nombre de 8, pour une somme de 27,061 francs. Il convient de noter à cet égard que, d'une part, un grand nombre d'établissements industriels ont créé au sein de leur personnel une Société de secours mutuels en vue de l'affiliation à la Caisse de retraite et que les résultats correspondants figurent dans la statistique des Sociétés, non dans celle des chefs d'industrie; et que, d'autre part, la modicité du nombre des affiliations dues à l'intervention patronale n'a pas échappé à l'administration de la Caisse. Le compte rendu relatif à l'année 1902 déclare « impossible de se dissimuler que, pour diverses raisons, les employeurs disposant de groupements tout formés qu'il serait relativement aisé d'amener à la pratique des versements à la Caisse de retraite, n'ont pas répondu aux espérances du législateur ». Le même document signale, du moins, une légère progression sous ce rapport, et il se félicite de l'extension du mouvement aux travailleurs de l'industrie minière que l'existence de Caisses de prévoyance spéciales avait sans doute écartés jusqu'alors de la constitution de retraite auprès de la Caisse générale.

Un arrêté royal du 24 septembre 1902 a fixé les conditions et le tarif d'acquisition de rentes temporaires par l'abandon d'un capital primitivement réservé. La loi du 10 mai 1900 prévoyait, en effet, que la valeur actuelle du capital réservé pourrait, avant l'entrée en jouissance de la rente différée acquise par ce capital, servir à l'acquisition d'une rente temporaire jusqu'à l'entrée en jouissance de la rente différée. Grâce à l'arrêté qui règle l'application de cette mesure, les ouvriers qui effectuent les versements à capital réservé peuvent reculer l'âge d'entrée en jouissance de la rente, et, par suite, élever le montant de celle-ci, sans avoir à redouter l'absence de ressources en cas d'invalidité prématurée.

Enfin, pour éviter que, durant le séjour à l'armée, les enfants affiliés aux mutualités scolaires de retraite et les jeunes ouvriers affiliés par leurs patrons ne viennent à perdre l'habitude de la prévoyance, et pour en faire naitre le goût chez ceux qui l'ignoreraient encore, le législateur belge a décidé par la loi du 21 mars 1902 l'affiliation des militaires à la Caisse de retraite par un versement prélevé sur leur indemnité jusqu'à concurrence d'un maximum annuel de 15 francs et donnant droit aux primes d'encouragement de la loi de 1900.

Dans le domaine qui lui est dévolu sous le titre de Caisse d'assurances, la Caisse générale belge peut, en vertu de la loi du 21 juin 1894, assurer sur la vie des capitaux n'excédant pas 5,000 francs pour une tête déterminée : il peut d'ailleurs être stipulé que la somme assurée sera, à l'échéance du contrat, versée à capital aliéné à la Caisse de retraite et employée à l'acquisition de rentes au profit du ou des bénéficiaires. D'autre part, la loi du 9 août 1889 sur les habitations ouvrières autorise par son article 8 la Caisse générale d'épargne et de retraite à traiter des opérations d'assurance mixte sur la vie ayant pour but de garantir le remboursement à une échéance déterminée, ou à la mort de l'assuré si elle survient avant cette échéance, des prêts consentis pour la construction ou l'achat d'une habitation. En vertu de ces dispositions légales, la Caisse peut effectuer des opérations d'assurances vie entière et d'assurance mixte. Enfin, un arrêté royal du 21 septembre 1904 a autorisé la Caisse d'assurances à consentir des opérations ayant pour objet de garantir au décès le remboursement du solde de prêts remboursables par annuités.

Les opérations conclues par application de la loi de 1894 portaient au 31 décembre 1904 sur 4,256 contrats en cours pour des capitaux s'élevant à 6,601,361 fr. 89, relatifs à des assurances ayant pris cours immédiatement après le premier versement de prime, et sur 283 contrats en cours pour des capitaux s'élevant à 66,565 fr. 64, relatifs à des assurances différées de deux ans. Sous le régime de la loi de 1889, le nombre des contrats, à la fin de 1904, était de 21,774 portant sur 53.646,712 fr. 29 de capitaux : les primes correspondantes encaissées en 1904 s'élevaient à 2,533,010 fr. 32. Tous ces chiffres accusaient une majoration par rapport aux exercices précédents.

La direction de la Caisse générale ne cesse de multiplier les conseils aux Sociétés mutualistes pour leur signaler le péril qu'elles courraient en cherchant à organiser elles-mêmes l'assurance au décès et l'avantage qu'elles trouveraient à affilier leurs membres à la Caisse d'assurances de l'État. Elle a également montré que la combinaison de versements à la Caisse de retraite à capital aliéné et de paiements de primes à la Caisse d'assurances, est celle qui permet d'assurer, dès le début de l'affiliation, un capital notablement plus élevé, si l'assurance est souscrite à primes annuelles constantes; c'est donc la combinaison à préférer pour tout assuré chef de famille, qui se propose de parer au risque de décès prématuré.

Enfin, elle a recommandé la création de Sociétés mutualistes d'assurances ayant pour objet de recueillir les versements de primes, quelque faibles qu'ils soient, en vue de mettre l'assurance à la portée des ouvriers les plus modestes ; elle a même élaboré un projet de statuts de Société constituée dans cet ordre d'idées, en laissant à chacun des membres, signataires d'une proposition d'assurance sur la vie, la faculté de spécifier à son gré si l'assurance doit être conclue avec ou sans visite médicale et si elle doit être mixte (pour une durée de dix, quinze, vingt ou vingt-cinq ans et pour l'âge de cinquante-cinq, soixante ou soixante-cinq ans) ou vie entière (pour l'âge de cinquante-cinq, soixante ou soixante-cinq ans).

Ce court aperçu du fonctionnement de la Caisse belge montre à la fois la variété des opérations auxquelles elle se livre et la sagacité, comme la persévérance, des efforts que sa direction ne cesse d'accomplir pour faire pénétrer dans les milieux ouvriers la connaissance des avantages et des règles de la prévoyance.

III

DANEMARK

___

Les Caisses de maladie.

Les Caisses de secours en cas de maladie sont actuellement régies en Danemark par la loi du 12 avril 1892.

Le législateur danois s'est proposé, d'une part, de garantir aux sociétaires une assistance effective et, d'autre part, de donner aux Caisses une organisation rationnelle. A cet effet, il a prévu le bénéfice de certains avantages au profit des Caisses qui auraient obtenu la reconnaissance officielle, et il a subordonné celle-ci à l'accomplissement de conditions déterminées.

Aux termes de l'article premier, la reconnaissance est de droit, si la Caisse satisfait aux prescriptions légales : minimum d'allocation, minimum d'effectif, définition du domaine d'action, observation de règles techniques.

Toute Caisse reconnue doit allouer :

1° La gratuité des soins médicaux et des médicaments aux sociétaires et à leurs enfants âgés de moins de quinze ans qui se trouvent encore dans la maison paternelle;

2° Un secours pécuniaire quotidien aux sociétaires, secours que les statuts peuvent fixer en raison soit du salaire quotidien admis en moyenne pour l'ensemble des sociétaires, soit du salaire quotidien moyen de chaque membre considéré individuellement; dans le premier cas, les statuts assignent une valeur fixe au secours, qui doit toutefois être compris entre un maximum égal aux deux tiers du salaire et un minimum de 40 öre (1) par jour ; le secours pécuniaire n'est pas alloué pour une maladie qui ne dure que trois jours; d'autre part, dans les Caisses où les statuts ne fixent qu'un secours inférieur au maximum légal, les sociétaires sont libres de s'assurer l'obtention du maximum par des cotisations supplémentaires à moins qu'ils ne soient déjà bénéficiaires d'allocations ou que leur affiliation ne soit interdite ou restreinte.

La loi a d'ailleurs prévu le cas où une Caisse ne serait pas en mesure de pourvoir au service des soins médicaux : le ministre de l'Intérieur est alors investi du droit d'autoriser, à titre provisoire, par mesure limitée à une année, la substitution d'un supplément de secours pécuniaire à la gratuité des soins médicaux.

Ces prescriptions impératives sont combinées avec des dispositions qui peuvent, au gré de chaque Caisse, trouver place dans les statuts. Telle est la suppression ou la réduction du secours pécuniaire pour les femmes ou les sociétaires au-dessous de dix-huit ans, avec diminution correspondante de la cotisation; telle est la réduction, jusqu'à la limite de 30 öre par jour, du secours pécuniaire pour un malade hospitalisé; tel est le refus de secours en argent, soit pour les maladies de moins de huit jours. soit pour les maladies causées par les rixes ou la débauche, soit

---

(1) L'öre est le centième de la couronne, qui vaut environ 1 fr. 40.

pour les malades qui ne consentent pas à se laisser soigner à l'hôpital ou à se soumettre au traitement que réclame leur état ; telle est également l'allocation des secours à l'enfant du sociétaire appelé sous les drapeaux et dispensé pour ce motif du paiement de la cotisation.

En cas d'accouchement, la Caisse peut allouer à la femme, si cette dernière est sociétaire, une somme fixe ; le service des allocations de maladie est dû à partir du huitième jour qui suit la délivrance.

Le droit au secours pécuniaire est limité à une durée de treize semaines pour une période de douze mois consécutifs. De plus, le sociétaire qui, au cours de trois années consécutives, a reçu des allocations de maladie pour une durée totale de soixante semaines, a épuisé son droit, sauf disposition différente des statuts.

La loi refuse en principe le droit à la reconnaissance à toute Caisse qui ne compte pas cinquante membres au moins ; elle l'admet dans des circonstances exceptionnelles jusqu'au chiffre de trente ; mais au-dessous de ce chiffre, la reconnaissance obtenue est perdue par la Caisse. Toutefois deux Caisses, voisines l'une de l'autre, qui comptent chacune trente membres au moins et comprennent ensemble un minimum de cinquante sociétaires, peuvent obtenir la reconnaissance si elles se garantissent mutuellement l'exécution de leurs obligations.

Le domaine d'action de chaque Caisse doit être défini par la profession de ses membres ou par l'étendue territoriale de son ressort ; l'admission dans la Caisse est interdite au-dessous de l'âge de quinze ans ; l'âge limite est fixé par les statuts ; de plus, les personnes atteintes d'une maladie chronique ou incurable qui entraîne une invalidité caractérisée, ne peuvent être admises qu'en vertu d'une disposition formelle des statuts et sous réserve de la déchéance du droit aux secours pour les suites de la maladie constatée lors de leur admission.

L'affiliation à une Caisse doit être ouverte à toute personne qui remplit les conditions légales et statutaires ; mais la participation à plusieurs Caisses reconnues est interdite, et l'affiliation simultanée à une Caisse reconnue et à une Caisse non reconnue n'est licite que sous réserve d'une déclaration et de l'interdiction de s'assurer, par le cumul des allocations, un secours pécuniaire supérieur au salaire moyen.

Les règles techniques dont l'observation s'impose aux Caisses reconnues consistent essentiellement dans la péréquation des ressources et des charges ; les subventions de l'État sont assimilées aux recettes ordinaires ; mais les droits d'entrée, éventuellement perçus, sont attribués à un fonds de réserve. Un compte rendu annuel du fonctionnement de chaque Caisse doit être adressé à l'inspecteur des Caisses de maladie dont la loi prévoit l'institution ; cet inspecteur, qui est investi d'un droit de contrôle sur les Caisses, présente au ministre de l'Intérieur un rapport annuel qui est publié par extrait. Lorsque l'inspecteur présume que la situation financière d'une Caisse met en péril l'exécution de ses engagements, il doit procéder à une enquête ; si l'enquête démontre l'exactitude des craintes de l'inspecteur, soit par suite de l'inobservation des prescriptions légales, soit en raison du désordre et de l'irrégularité de la gestion, et si la Caisse ne se conforme pas aux injonctions de l'inspecteur, le ministre de l'Intérieur peut, sur la proposition de ce dernier, retirer à la Caisse la reconnaissance officielle.

D'autre part, les Caisses reconnues peuvent étendre leurs opérations au service de l'assurance des frais funéraires ou des allocations de vieillesse et d'invalidité; toutefois, elles doivent obtenir à cet effet une autorisation particulière et spécialiser dans des statuts distincts et dans une comptabilité séparée les éléments et les résultats de cette nouvelle mission.

Les avantages que la loi danoise attache à la reconnaissance officielle dérivent essentiellement de l'inscription annuelle au budget d'un crédit de 500,000 couronnes à leur profit. Ce crédit est réparti entre les Caisses, tant à raison de l'effectif des membres de chaque Caisse à la fin de l'année, qu'en proportion du montant des cotisations payées dans l'année; deux maxima, l'un de deux couronnes par membre, l'autre d'un cinquième des cotisations, limitent les avantages qui résultent de cette répartition.

Toutefois, ce n'est pas seulement par l'inscription dans la loi de mesures tutélaires que le Gouvernement danois a réussi à favoriser la création et le développement des Caisses de maladie. L'intervention personnelle de l'inspecteur des Caisses de maladie, M. le docteur Th. Sörensen, a puissamment contribué, par la confiance qu'il inspire aux intéressés, à propager dans les milieux ouvriers la notion exacte du but à atteindre et des moyens à employer. Le nombre des Caisses, qui n'était que de 724 en 1896, atteignait 1,271 le 31 décembre 1903, et l'effectif des membres s'est élevé, durant la même période, de 179,378 à 402,551. Dans l'exercice 1903, les Caisses avaient dépensé 4,077,776 couronnes, dont 1,436,174 pour frais médicaux, 498,152 pour frais pharmaceutiques et 1,452,075 pour secours en argent; le nombre des jours de maladie avait été de 5,4 par membre du sexe masculin et 4,6 par membre du sexe féminin; les dépenses de maladie correspondantes avaient été de 7 couronnes 93 par membre, dont 3 couronnes 73 pour frais de médecin, 2 couronnes 58 pour médicaments, 86 öre pour frais d'hospitalisation et 76 öre pour frais d'administration. Les recettes ont été de 4,240,131 couronnes.

La comparaison entre la subvention de l'Etat et les frais médicaux ressort des chiffres suivants :

Année.	Subvention de l'Etat.	Frais médicaux.
	Couronnes.	Couronnes.
1893.........	345.127	266.286
1894.........	410.641	377.490
1895.........	475.817	443.400
1896.........	547.678	517.833
1897.........	621.568	618.031
1898.........	710.161	710.442
1899.........	833.745	862.456
1900.........	957.741	990.153
1901.........	1.067.029	1.106.992
1902.........	1.182.466	1.269.485
1903.........	1.307.048	1.436.174

Ces chiffres montrent tout d'abord que depuis 1896 le crédit de 500,000 couronnes prévu dans la loi de 1892 a été dépassé; le législateur danois n'a pas voulu que le développement du mouvement mutualiste qu'il encourageait souffrît de son extension même et, plutôt que de réduire le taux de ses subsides, il a majoré le crédit dans la loi de finances annuelle. Ces mêmes chiffres dénotent que le montant des subventions, d'abord supérieur à celui des frais médicaux, lui est devenu inférieur depuis 1898.

Pour se rendre un compte exact des efforts accomplis par l'intelligente et active collaboration des pouvoirs publics et des intéressés, il suffit de parcourir le manuel *Haandbog for Bestyrelser af Sygekasser*, destiné aux administrateurs des Caisses de maladie, qui donne en particulier le texte complet de la loi, accompagné, sous chaque article, de commentaires détaillés, et un statut-modèle de caisse. Ce précieux document a été rédigé sur l'invitation de la Commission dont la loi de 1892 a, dans son article 24, prévu l'élection et que constituent, sous la présidence de l'inspecteur, les délégués des conseils d'administration des Caisses de maladie : la Commission, que son président réunit pour la saisir de toute question relative aux Caisses de maladie, est notamment investie par la loi du pouvoir d'examiner la situation des Caisses qui, sans commettre une violation formelle des prescriptions légales, pratiquent, à l'égard de leurs membres ou d'autres Caisses, des mesures qui peuvent exercer sur l'ensemble de la mutualité une fâcheuse influence; cet examen d'après ses résultats éventuels, conduit l'inspecteur à saisir le ministre de l'Intérieur de la question du retrait de la reconnaissance à la Caisse incriminée. Des conférences annuelles des représentants des Caisses de maladie ont, d'autre part, pour objet de régler en commun les questions qui intéressent toutes ces institutions et parmi lesquelles la loi cite à titre d'exemples l'organisation de la réassurance et l'élaboration de statuts-modèles. La lecture du manuel précité montre à quel point ces conférences ont été fructueuses.

Telle est, réduite à ses grandes lignes, l'économie du régime institué par la loi danoise : c'est le régime de la liberté de l'assurance avec encouragement de l'État, qui incite les Caisses à grouper un effectif de membres aussi nombreux et à exiger des cotisations aussi élevées que possible ; entendues de la sorte, les subventions doivent contribuer à la formation de Caisses importantes, dotées de ressources considérables et de puissants organes : la superficie réduite du territoire danois s'oppose d'ailleurs à une exagération du domaine des Caisses de maladie, qui doivent toujours conserver une sphère restreinte dans l'intérêt même de l'efficacité de leur action. Mais ce qui différencie le système danois de celui d'autres pays où les pouvoirs publics subventionnent des Caisses librement constituées et librement gérées, c'est la précision avec laquelle le législateur a défini le régime des allocations et les conditions de participation ; on ne retrouve guère que dans les lois d'assurance obligatoire, dont l'Allemagne et l'Autriche ont donné les premiers types, une énumération aussi détaillée et des prescriptions aussi minutieuses.

Il convient, du reste, d'ajouter que les Caisses danoises pratiquent presque exclusivement l'assurance contre la maladie et que le législateur ne leur a permis qu'à titre exceptionnel la souscription d'engagements à long terme.

Sous le bénéfice de ces observations, on ne peut s'empêcher d'admirer les résultats obtenus en une douzaine d'années par la mutualité du Danemark et d'en expliquer le développement à la fois par les mesures réglementaires intervenues, par l'influence de l'autorité de surveillance et par l'exceptionnel degré d'instruction du peuple danois.

IV

ÉTATS-UNIS

Les Sociétés de secours mutuels.

L'étude des Sociétés de secours mutuels aux États-Unis est instructive à la fois par les erreurs qu'elles ont commises, par les difficultés qu'elles ont traversées et les remèdes qu'elles y ont apportés, enfin par le développement qu'elles ont atteint.

Ces Sociétés, désignées sous le nom de *Fraternal beneficiary Orders*, affectent le caractère mystique de loges maçonniques où les sentiments religieux sont très développés. L'esprit de fraternité y est la base du système; on conçoit dès lors la difficulté que l'introduction de la technique actuarielle devait rencontrer dans des milieux où il semblait que la solidarité, qui avait fait des merveilles pour le groupement des membres, dût être également féconde pour la réalisation des espérances conçues et l'acquittement des promesses souscrites. L'indépendance et l'absence de subsides officiels sont d'ailleurs le propre de ces Associations.

C'est, en effet, sous le régime de la liberté la plus entière qu'elles se sont créées; la loi n'est intervenue qu'*à posteriori* pour consacrer les institutions existantes et généraliser les mesures adoptées, se bornant à exiger la production d'un compte rendu moral sans justification technique. Toutefois, ce régime de liberté n'a pas exclu les conseils de prudence. Il suffit de parcourir les rapports des commissaires des assurances du Massachussets, du Connecticut ou de New-York pour constater la persévérance et la sagesse avec lesquelles les pouvoirs publics ont appelé l'attention des intéressés sur les dangers courus et sur les remèdes possibles.

Ces dangers se sont manifestés surtout dans l'organisation de l'assurance au cas de décès : celle-ci comportait le système du dollar au décès, analogue au système des *Krankenvereine* d'Allemagne et des Sociétés du *franc au décès* de Belgique et de France ; la cotisation n'était versée qu'à la mort du sociétaire ; c'était alors qu'on faisait la collecte, d'où le nom de système du chapeau « pass the hat » donné à cette combinaison.

Les inconvénients du système sont trop bien connus pour qu'il soit nécessaire d'insister à cet égard : il suffit de rappeler que l'entrée de membres nouveaux et plus jeunes que la moyenne n'est point capable de réduire l'âge moyen des sociétaires et d'établir la constance dans le nombre des décès, c'est-à-dire dans le nombre des cotisations à payer chaque année. Depuis longtemps le mal avait été signalé en Amérique. Dans un remarquable article publié en 1891 par *the Quarterly Journal of Economies*, sous le titre *Cooperative Insurance and Endowment Schemes*, M. William Morse Cole montrait le péril du système de la répartition « assessment ». L'exemple de trois Sociétés fraternelles : *Ancien Order of United Workmen, Royal Arcanum, American Legion of Honor*, révélait l'aggravation de la mortalité en dépit des efforts accomplis pour le recrutement de nouveaux membres : c'est ce qu'indique le tableau suivant :

ANNÉES	NOMBRE DE DÉCÈS PAR 1,000 MEMBRES		
	Ancien Order of United Workmen	Royal Arcanum	American Legion of Honor
1880...............	7,0	4,8	4,6
1882...............	8,2	6,4	6,5
1884...............	7,8	6,8	9,1
1886...............	8,9	7,1	9,9
1888...............	9,7	7,7	13,1
1890...............	»	8,3	13,1

Quelques années plus tard, en 1896, M. Merrill, commissaire des assurances du Massachussets, prenant pour bases la « table de mortalité d'expérience combinée » et le taux d'intérêt de 4 %, montrait que pour une assurance de 1,000 dollars (1) au décès, avec un âge d'affiliation égal à trente ans, la prime fixe annuelle devait être de 16,97 dollars et que cette prime était dépassée dès que l'assuré avait atteint un âge voisin de cinquante ans (2).

Ce n'est toutefois qu'en 1898 que le Congrès des Sociétés fraternelles a publié une table de mortalité et des tarifs de primes qu'il a proposés pour l'avenir (3).

Ces tarifs doivent permettre aux Sociétés de cons-

(1) Le dollar vaut environ 5 francs.

(2) Voir mon ouvrage sur les *Lois d'assurance ouvrière à l'étranger*, livre III, 1re partie, p. 20.

(3) On trouvera cette table et ces tarifs dans le très intéressant article de M. Félix Raison, intitulé : *Les Sociétés de secours mutuels aux Etats-Unis* (Musée social, Mémoires et documents, juillet 1904, n° 7, pages 179 et 180).

tituer des réserves en vue de tenir leurs engagements. Toutefois, si l'adoption de ces chiffres garantit l'avenir, elle ne pourvoit nullement aux insuffisances du passé ; les membres qui depuis leur affiliation n'ont versé que les sommes nécessaires au service des sinistres survenus n'ont, en aucune façon, participé à la formation de capitaux représentatifs des promesses souscrites ; ils devraient combler l'arriéré par une cotisation supplémentaire, ajoutée à la prime proposée par le Congrès. Or, les Sociétés hésitent à appliquer cette mesure qui pourrait provoquer le départ simultané des membres ainsi surtaxés et entraîner de la sorte la ruine immédiate de la Société ; elles redoutent même qu'en introduisant des augmentations successives de la cotisation insuffisante, elles ne soient hors d'état de lutter contre les Sociétés nouvelles qui, fonctionnant sous le régime de la répartition, profitent de cette « lune de miel » pour attirer les adhérents par des cotisations réduites.

Cette concurrence, justement redoutée, menace d'ailleurs non seulement les Sociétés anciennes, mais aussi les Sociétés de création récente qui, soucieuses de l'avenir, appliquent le tarif basé sur la science des assurances. Toutefois, c'est l'éternel mirage des tarifs au rabais, qui doit trouver son remède dans l'éducation du public. Il serait donc regrettable qu'abandonnant le principe si fécond de la liberté, les États et provinces de l'Union vinssent à répondre au vœu formulé en 1900 par le Congrès des Sociétés fraternelles, vœu d'après lequel l'autorisation de fonctionner devrait être réservée aux Sociétés qui auraient adopté les tarifs du Congrès. Recommander ces tarifs ou tous autres basés sur la technique actuarielle est un bien et même un devoir; les imposer est un mal. Sera-ce, en effet, l'État qui assumera les risques des mécomptes dans les prévisions relatives à la mortalité et l'éventualité de la baisse du taux de l'intérêt. Ces circonstances, si elles se réalisaient, devraient entraîner une nouvelle majoration des tarifs; mais, au lieu de ne pouvoir s'en prendre qu'à elles-mêmes de leur imprévoyance ou de leur ignorance, les Sociétés fraternelles seraient en droit de reprocher à l'État son impéritie dans ses exigences.

Au reste, les commissaires ou superintendants des assurances chargés de la surveillance des Compagnies aux États-Unis ne semblent ni intransigeants à cet égard ni éloignés de s'entendre avec les représentants des Sociétés fraternelles. Les développements fort instructifs que l'on trouve dans le remarquable rapport de 1904 de M. Frédérick L. Cutting, commissaire du Massachussets (1), montrent la largeur d'idées dont s'inspirent les artisans de la législation nouvelle; la conférence tenue à Baltimore entre les commissaires et les délégués des intéressés a, d'ailleurs, aplani les voies dans le sens d'une entente définitive qui à la fois respecte la liberté des Sociétés et sauvegarde l'intérêt commun de ces associations et de leurs membres.

Si les préoccupations des Sociétés américaines paraissent concentrées sur l'assurance en cas de mort, c'est que les autres formes de prévoyance ne sont

(1) Voir notamment p. XIX; on y lit : « Le résultat d'une excessive autorité (donnée au commissaire des assurances) pourrait être l'exercice d'une action indiscrète dans certains cas. *It might happen as the result of too great autority that in some cases it would be indiscreetly exercised.* »

pour elles qu'accessoires. Les indemnités de maladie, d'incapacité de travail temporaire ou permanente consécutive à l'accident ou à la maladie sont limitées aux vieillards de soixante-dix ans.

Les secours de maladie sont servis par les Syndicats ouvriers, désignés sous la dénomination d'Unions, qui ont créé des caisses de maladie, d'accident et de chômage.

Les Sociétés fraternelles ne sont pas, du reste, les seules institutions qui permettent à l'ouvrier américain de s'assurer sur la vie. L'assurance populaire, caractérisée par la modicité et la périodicité hebdomadaire de la cotisation, y est très développée. Il suffit, pour s'en convaincre, de jeter les yeux sur les chiffres ci-après empruntés au rapport précité de M. Frederick L. Cutting :

NOMS DES COMPAGNIES	POLICES émises en 1903		POLICES EN COURS au 31 décembre 1903		PRIMES encaissées en 1903	SINISTRES PAYÉS en 1903
	NOMBRE	MONTANT	NOMBRE	MONTANT		
John Hancock.	82.005	14.476.038	322.689	51.143.807	2.250.097	747.592
Metropolitan ..	106.212	20.630.859	536.246	95.879.584	3.115.343	1.101.451
Prudential	65.456	9.017.148	189.230	10.483.871	756.054	226.119

La concurrence est d'ailleurs vive entre les Sociétés fraternelles et les Compagnies d'assurances sur la vie. Elle s'explique par l'importance des allocations au décès, qui s'élève à 1,000, 2,000 et même 5,000 dollars (I) dans certaines Sociétés fraternelles. Elle se

_____

(1) Ce chiffre est supérieur à celui de 3,000 dollars indiqué dans l'article précité de M. Félix Raison; je l'emprunte à l'article, visé plus loin, de M. Landis.

formule, du reste, parfois avec précision, jusque dans les plus grandes revues américaines : tel est le numéro de novembre 1904 des *Annals of the American Academy of political and social Science*, qui contient sous le titre *Life Insurance and Fraternal Orders* un article signé Abb Landis. L'auteur montre les difficultés avec lesquelles les fondateurs des Sociétés fraternelles accueillaient naguère les conseils techniques dont les inspirateurs, actuaires de Compagnies d'assurances, quelque désintéressés qu'ils fussent, rappelaient par leurs fonctions les institutions concurrentes; il signale en même temps la solution de ces difficultés grâce à l'apparition d'une nouvelle génération d'actuaires dégagée des traditions du passé.

Nous avons trop l'amour de la liberté et nous avons trop de foi dans les bienfaits de la concurrence comme stimulant de l'activité humaine pour ne pas féliciter un peuple qui a le bonheur de trouver jusque dans l'outillage de la prévoyance sociale une aussi féconde émulation. Nous avons également trop le respect de l'effort individuel pour ne pas admirer ce souci presque exclusif de l'ouvrier américain pour les conséquences de son décès; c'est au dénûment de la famille ouvrière frappée par la mort prématurée de son chef que s'applique aux États-Unis le sacrifice du travailleur; jusqu'à sa mort, l'effort doit lui permettre de vivre; il ne songe pas à se réserver, grâce à une retraite acquise à un âge où il serait encore capable de travailler, le loisir anticipé de la seconde partie de son existence; il ne prévoit même qu'à titre subsidiaire l'usure de ses forces par le labeur quotidien; tant qu'il vit, il doit travailler; le repos antérieur à la mort n'est pour lui qu'une exception dont il n'a cure.

On s'explique, dès lors, l'étonnante floraison des Sociétés fraternelles. En trente ans, elles ont distribué aux veuves et aux orphelins plus de 700 millions de dollars, dont 63 millions en 1903 ; cent cinquante d'entre elles ont promis des sommes excédant 6 milliards de dollars ; l'exécution de ces engagements intéresse plus de quatre millions d'individus.

Toutefois, le tribut d'admiration qui est dù à ces Sociétés ne doit pas exclure le regret que l'invalidité prématurée n'y trouve qu'une place restreinte : ce risqu   n'est point le propre de la paresse, et à la dif   e de celui qui décède, le travailleur qui en est v   ime tombe lourdement à la charge des siens. En ouvrant cette nouvelle forme de la prévoyance à l'ouvrier américain, les Sociétés fraternelles réduiraient au profit de l'assurance le domaine de l'assistance et développeraient l'éducation morale et l'indépendance matérielle des travailleurs qu'elles unissent.

V

GRANDE-BRETAGNE & COLONIES ANGLAISES

Les Sociétés de secours mutuels.

Les Sociétés de secours mutuels régies par la loi anglaise métropolitaine sont désignées sous le nom générique de *Friendly Societies*. Elles appartiennent toutefois aux types les plus variés. On distingue d'abord les « villages club » ou « local clubs » : ces groupements, d'organisation rudimentaire, avec cotisation uniforme indépendante de l'âge à l'entrée, allouent des secours de maladie et un subside à la famille de l'assuré décédé ; ils succombent par l'aggravation des charges lors du « vieillissement » de leurs membres et ne survivent que très rarement à la génération qui les a créés. A la différence du « local club », l' « affiliated order » constitue un vaste organisme qui associe dans une hiérarchie savante : à la base, des branches élémentaires ou clubs ; au sommet, l'administration centrale et l'assemblée générale annuelle des délégués ; au milieu, le district formé de la réunion de plusieurs branches ; les relations entre celles-ci se prêtent avec la plus grande facilité à la réalisation de la mutation ; le « travelling benefit » vient s'ajouter au « sick benefit » et au « burial » dans les objets de la Société ; enfin, le versement d'une cotisation distincte permet au sociétaire l'acquisition d'une retraite. Parmi ces Sociétés puissantes, plusieurs méritent une mention spéciale par l'importance qu'elles ont acquise et par les éminents services qu'elles ont rendus : tels sont l'ordre des « Foresters », l' « Independant order of Oddfellows of the Unity of Manchester », le « Grand United order of Oddfellows », l'ordre des « Rechabites ».

A côté de ces Sociétés décentralisées, se sont constitués des groupements qui ont cherché à réduire les frais d'administration inhérents à la dissémination des Sociétés locales : ce sont les « centralized societies », dont l'exemple le plus caractéristique est donné par la Société des « Hearts of Oak » ou cœurs de chêne.

Ces trois types essentiels : « locals clubs », « affiliated orders » et « centralized societies », ne représentent pas tous les genres de *Friendly Societies*; la souplesse d'institutions fondées sur le principe de la liberté comporte l'application des solutions les plus variées et l'adoption des formes les plus diverses : les unes sont basées sur le partage annuel des bénéfices : ce sont les « dividing societies »; les autres ont pour règle la capitalisation individuelle des sommes versées par chacun de leurs membres : ce sont les « deposit societies », qui doivent être d'ailleurs rattachées aux caisses d'épargne plutôt qu'aux associations mutualistes.

Ces dernières Sociétés ne sont pas les seules auxquelles le nom de *Friendly Societies* ait été donné à tort : telles sont aussi les « collecting societies ». Tandis que les « friendly societies » sont gérées dans l'intérêt exclusif de leurs membres, les « collecting societies » sont administrées au profit de leurs directeurs : les premières pratiquent l'allocation des secours de maladie indépendamment de l'assurance sur la vie, laquelle est seule exploitée par les secondes ; les frais de gestion sont notablement plus élevés chez celles-ci que chez celles-là ; enfin, le *self-government* par les associés est presque exclusivement réservé aux premières.

Aucune obligation ne s'impose aux *Friendly Societies* de se placer sous le régime de la loi organique qui porte la date du 7 août 1896. Leur adhésion à ce régime est essentiellement volontaire : elle se traduit par l'enregistrement ; l'accomplissement de cette formalité n'est, d'ailleurs, possible que si la Société compte sept membres au moins, et, dans le cas de la souscription d'engagements à long terme, il est subordonné à la vérification et à l'approbation des tarifs soit par l'actuaire de la Commission de la Dette nationale, soit par un actuaire que le Trésor doit avoir agréé et qui compte cinq années au moins d'exercice ; d'autre part, les Sociétés qui assurent moyennant une cotisation supérieure à 15 livres (1) (378 francs environ) par an un capital supérieur à 200 livres (environ 5,140 fr.) ne sont pas susceptibles d'être enregistrées. La loi définit comme suit le but et les prestations des Sociétés enregistrées :

a) Allocations en cas de maladie, d'infirmité, de vieillesse (au delà de cinquante ans), de veuvage, aux membres ou à leurs conjoints, enfants, père, mère, neveux, nièces ou pupilles orphelins ;

b) Secours funéraires au décès d'un conjoint, de l'enfant d'un membre, de la veuve d'un membre prédécédé ;

c) Secours à la naissance d'enfant d'un membre ;

d) Indemnités de voyage effectué pour trouver

_____

(1) La livre sterling vaut 25 fr. 20.

un emploi, allocations en cas de dénûment, de naufrage, etc.;

e) Assurance d'un capital (*Endowment*, dotation) au profit d'un membre ou d'une personne qu'il désigne;

f) Assurance des outils des membres contre l'incendie jusqu'à concurrence de 15 livres (378 francs environ);

g) Souscription à la construction ou à l'entretien d'hôpitaux, de dispensaires ou d'institutions charitables, en vue d'en procurer les bienfaits aux sociétaires ou à leurs familles.

La demande d'enregistrement est envoyée à un fonctionnaire spécial dénommé *Registrar :* on distingue le *Registrar en chef* et ses *assistants*. Le Registrar, avec ses assistants anglais, forme le *Registry office* ou office d'enregistrement. Ce fonctionnaire, qui exerce sur les Friendly Societies une autorité presque absolue, doit être désigné parmi les avocats qui comptent douze années au moins d'exercice, et ses assistants, parmi les avoués qui ont été en charge durant sept années au moins. L'action du Registrar ne se limite pas à l'enregistrement : il peut contribuer à la propagation des tables de mortalité ou de morbidité, des tarifs de cotisations et, en général, de tous documents utiles à la mutualité; ses indications n'ont que la valeur de conseils. Un refus d'enregistrement de sa part peut être attaqué devant la Haute Cour.

L'enregistrement concède notamment les privilèges suivants :

1° Exemption des mesures restrictives de 1799 (*unlawfull societies acts*) et de 1817 (*seditious meetings act*);

2° Immunités fiscales;

3° Faculté d'admettre des membres de moins de vingt et un ans mais de plus d'un an.

Les Friendly Societies règlent leurs contestations par voie d'arbitrage : la loi dispose, en effet, que les statuts déterminent le mode de solution des litiges entre : 1° une Société ou l'un de ses agents et l'un de ses membres ou ayants cause; 2° une Société ou son agent et une personne ayant cessé d'être socié- taire depuis six mois au plus; 3° une Société et l'une de ses branches ou deux Sociétés entre elles; 4° une Société et l'un de ses agents; 5° une branche et l'un des agents de la Société. La décision arbitrale n'est susceptible d'aucun recours devant les tribunaux : c'est la Cour de Comté qui lui donne la formule exé- cutoire. Toutefois les parties peuvent convenir, sauf dispositions contraires des statuts, de s'en remettre à la décision du *Registrar en chef* ou de ses assistants.

En retour des avantages concédés par l'enregistre- ment, la loi impose des obligations aux Sociétés mutualistes. Ces obligations sont essentiellement au nombre de trois :

1° Examen annuel des comptes, soit par un comp- table public, soit par deux ou plusieurs personnes désignées conformément aux statuts, sans pouvoir être comptables ni agents de la Société intéressée;

2° Production annuelle d'un rapport adressé au *Registrar* et indiquant l'état des recettes et des dépenses, les noms et qualités des vérificateurs des comptes. Ceux-ci, à qui les livres des Sociétés doi- vent être ouverts sans entraves, s'assurent de la conformité de la comptabilité avec le rapport et, en cas de discordance, formulent leurs observations dans un rapport distinct;

3° Établissement d'un bilan technique quinquennal : cette prescription est fondamentale dans la législation anglaise ; elle figurait déjà dans la loi de 1846 et, si elle avait disparu avec cette loi, elle avait été proposée comme essentielle par la Commission royale d'enquête dans son rapport de 1874.

Chaque année le *Registrar* publie un rapport indiquant la situation d'après les comptes rendus et bilans qu'il a reçus ; il peut suspendre une Société qui ne s'est pas soumise à l'obligation du bilan quinquennal ; il est, d'autre part, maître d'en dispenser les Sociétés dont le fonctionnement et le but n'impliquent pas une opération de cette nature : telles sont les Sociétés qui partagent périodiquement l'intégralité ou une partie de leurs fonds, celles qui ne conservent pas les membres âgés de plus de vingt et un ans (*juvenile societies*), celles qui fonctionnent surtout comme Sociétés de dépôt (*deposit societies*), celles qui ne comprennent qu'un effectif peu nombreux de sociétaires.

Au reste, ce n'est pas seulement par l'application littérale des prescriptions de la loi que le *Registrar* fait sentir son action tutélaire : il est, en outre, qualifié pour fournir des avis, pour éclairer les Sociétés, en un mot pour mettre au service de la mutualité le concours de la science juridique et actuarielle.

La plus large publicité au profit des intéressés est, d'autre part, réalisée dans le domaine de chaque Société : tout membre, et en général toute personne intéressée à la situation financière de la Société, a le droit d'exiger la remise gratuite d'un exemplaire du rapport et du bilan annuels, ainsi que la faculté d'examiner les livres de la Société, à l'exception des documents qui visent les prêts accordés aux sociétaires, hors le cas où les emprunteurs y consentent par écrit, et celui où la Société y a autorisé la personne qui procède à l'examen.

D'après le rapport (1) que le Registrar en chef des Friendly Societies, M. J. D. Stuart Sim, successeur de Sir Edward Brabrook, a présenté, en date du 15 février 1905, la situation au 31 décembre 1904, pour la Grande-Bretagne et l'Irlande, était définie par les chiffres suivants :

	SOCIÉTÉS		
	Ordinaires	Avec branches	TOTAL
Nombre de Sociétés.	6.925	20.845	27.779
Nombre de membres	3.059.107	2.613.552	5.672.659
Avoir des Sociétés ..	£ 15.877.330	£ 22.549.147	£ 38.426.477

Ce n'est point, d'ailleurs, à la métropole que se limitent l'institution et le développement des Friendly Societies. Le cadre de cette étude ne permet pas évidemment de faire le tour du globe pour décrire les mutualités britanniques. Réduit à procéder par voie d'exemple, je citerai, à la lumière des rapports si documentés de MM. H. D. Gouge, R. Rendle et J.-H. Hunter, les Sociétés de l'Australie du Sud, du Queensland et du Canada.

C'est ainsi qu'en 1903, M. R. Rendle a publié le bilan technique quinquennal (2) exigé par la loi de 1894 spéciale au Queensland. Le rapport quinquen-

(1) *Reports of the Chief Registrar of Friendly Societies for 1904.* (Part. A, p. 31.)

(2) *Report of the Registrar of Friendly Societies and official valuer on the quinquennial valuation*, Brisbane, 1903.

nal de M. Gouge date de 1902 : il renferme (1) des tables de morbidité et de mortalité établies d'après l'expérience de l'Australie du Sud ; comparés aux résultats de la Société anglaise « Manchester Unity », qui sont cités en Angleterre comme des types caractéristiques, les chiffres australiens accusent une infériorité moyenne de 26 % en matière de décès et de 3 % en matière de maladie par rapport aux chiffres anglais.

Le tableau suivant donne, d'après les chiffres publiés à Londres par le Registrar en chef au mois de février 1905, la situation des Sociétés mutualistes en Australie, les colonies étant rangées par ordre décroissant d'effectif des membres :

COLONIE	DATE de la SITUATION	NOMBRE de BRANCHES	NOMBRE de MEMBRES	AVOIR des SOCIÉTÉS £
Victoria......................	1902	1.146	102.364	1.415.625
Nouvelle-Galles du Sud.........	1900	700	75.027	693.360
Nouvelle-Zélande..............	1903	462	43.408	846.315
Australie du Sud.............	1890	474	43.043	535.198
Queensland..................	1903	885	31.700	890.010
Tasmanie...................	1901	149	14.710	114.309
Australie de l'Ouest	1902	169	11.740	59.209
TOTAL.............		3.575	322.018	3.954.841

Dans la province d'Ontario du Dominion du Canada, on comptait, au 31 décembre 1903, 85 Sociétés de secours de maladie et d'allocations funéraires, avec 71,312 membres, un actif de 342,203 £ et un passif de 4,067 £.

(1) *The third Report of the public actuary relating to Friendly Societies*, Adélaïde, 1902, p. 19 et suiv.

. Ce qui frappe, du reste, dans le fonctionnement des Friendly Societies, ce sont, indépendamment des avantages matériels qu'elles présentent, les bienfaits intellectuels et moraux qu'elles répandent autour d'elles.

D'une part, le souci de la gestion de chaque Société développe chez ses membres les habitudes de la tenue de la comptabilité et de la pratique de l'assurance : fondées sur le principe de la capitalisation des primes, elles ne peuvent, en effet, négliger les règles de la technique actuarielle. Dans son ouvrage intitulé *Provident Societies and Industrial Welfare*, M. E. W. Brabrook, alors Registrar en chef des Sociétés anglaises de secours mutuels, insiste (1) sur l'importance qui s'attache, pour une personne désireuse d'entrer dans une Société mutualiste, de connaître la situation financière de celle-ci : s'affilier à une Société insolvable, c'est « mettre son argent dans une bourse percée »; de là la nécessité de s'enquérir à l'aide des lumières de la science.

D'autre part, le sentiment qui rapproche les associés est celui d'une solidarité profonde et convaincue : c'est ainsi que d'anciens grands maîtres des branches constituent parfois des associations dont le but est en partie l'obtention d'avantages matériels, mais surtout le développement de l'idée de fraternité et la sauvegarde des intérêts généraux de la mutualité dont ils ont dirigé naguère les rameaux distincts.

Enfin, s'il est vrai que les citoyens ne doivent pas regarder d'un œil indifférent la marche des affaires publiques, il est nécessaire qu'ils se rendent compte du mécanisme des délibérations qui, dans un pays de

---

(1) Londres, Blackie, 1898, page 84.

libre examen, aboutissent aux décisions gouverne-
mentales. La pratique du *self-government*, combinée
avec la hiérarchie des ordres affiliés, a rendu aux
ouvriers anglais ce précieux service.

Le bref exposé qui précède ne saurait avoir la
prétention d'épuiser l'étude des Sociétés anglaises de
secours mutuels ; mais il est, semble-t-il, de nature
à montrer le puissant intérêt que présente cette
étude pour les peuples qui aiment et pratiquent l'association libre.

VI

ITALIE

—

§ 1. — Les Sociétés de secours mutuels.

Sous la forme générale que prévoient les statuts-modèles publiés en 1897, les Sociétés de secours mutuels italiennes peuvent poursuivre un triple but :

1º Assurer des secours de maladie ;

2º Servir des pensions de vieillesse ;

3º Assurer, lors du décès d'un de leurs membres, des allocations aux ayants droit du défunt.

La poursuite de chacun de ces buts comporte la création d'une « section » distincte ; la deuxième et la troisième section ne peuvent, aux termes des statuts-modèles, se constituer que si elles comptent cent membres au moins.

Chaque section possède un fonds spécial ; ces fonds doivent être chacun l'objet d'une comptabilité et d'une gestion distinctes ; ils peuvent toutefois donner lieu à des placements communs sous réserve d'une attribution proportionnelle des revenus à leurs crédits respectifs.

Les sociétaires se divisent en membres effectifs ou participants et membres honoraires ; ces termes ont, en Italie, la même signification qu'en France. Toutefois l'affiliation des membres participants peut se limiter à l'une ou à l'autre des sections de la Société.

Les statuts-modèles distinguent — et c'est là une mesure technique de la plus haute importance — l'âge d'admission pour la détermination de la valeur des cotisa   tions. prévoient du moins, au gré du sociétaire, l'application de l'un ou de l'autre de deux régimes équivalents au point de vue actuariel, selon que le sociétaire préfère acquitter une cotisation réglée d'après son âge à l'entrée ou, au contraire, payer une cotisation indépendante de son âge d'admission et verser un droit d'entrée qui est fonction de cet âge. Les deux tableaux suivants résument les mesures détaillées proposées par les statuts-modèles pour satisfaire à ces deux hypothèses; la cotisation fixe applicable dans le second cas est celle qui, dans le premier, correspond à l'âge de vingt ans; les calculs ont été effectués au taux d'intérêt de 4 % ; les résultats sont exprimés en lires (1).

PREMIÈRE HYPOTHÈSE

Cotisation variable avec l'âge d'admission

| AGE D'ADMISSION | COTISATION ANNUELLE D'ASSURANCE | | |
	MALADIE (1re section)	VIEILLESSE (2e section)	DÉCÈS (3e section)
	lires	lires	lires
12 ans	5,00	2,23	2,88
15 —	6,07	2,62	3,13
20 —	6,40	3,43	3,60
25 —	6,81	4,56	4,02
30 —	7,33	6,15	4,67
35 —	7,05	8,46	5,55
40 —	8,71	12,03	6,69
45 —	9,66	17,88	8,22

(1) La valeur nominale de la lire est 1 franc.

DEUXIÈME HYPOTHÈSE

Cotisation indépendante de l'âge d'admission

AGE D'ADMISSION	DROIT D'ENTRÉE A L'ASSURANCE		
	MALADIE (1re section)	VIEILLESSE (2e section)	DÉCÈS (3e section)
	lires	lires	lires
21 ans	1,40	8,45	1,75
25 —	7,20	19,00	8,20
30 —	15,60	43,10	17,90
35 —	24,60	73,50	30,90
40 —	34,20	113,20	45,85
45 —	43,90	165,20	62,30

Les statuts-modèles limitent l'entrée aux âges de douze à quarante-cinq ans et exigent pour l'admission à la section de maladie ou d'assurance au décès la présentation d'un certificat médical à l'administration de la Société.

Les allocations correspondantes sont :

Un secours de 1 lire par jour de maladie ;

Une pension de 100 lires par an à l'âge de soixante-cinq ans ;

Un capital de 250 lires au décès.

La séparation des sections permet le cumul des secours de maladie et de la pension de vieillesse ; la création d'un fonds spécial pour les maladies chroniques est d'ailleurs prévu.

Les placements peuvent être effectués en valeurs émises ou garanties par l'État, en titres d'établissements de crédit foncier, en dépôts dans des Caisses d'épargne, en prêts hypothécaires jusqu'à concurrence de la moitié de la valeur de l'immeuble pour une durée maxima de cinq ans prorogeable d'année en année. Lorsque la Société devient propriétaire d'un immeuble par succession, donation ou expropriation, elle doit l'aliéner dans un délai de cinq années.

Afin de conserver aux fonds de chacune des sections leur affectation propre, les statuts-modèles spécifient que les dépenses d'administration doivent être supportées par un fonds de réserve générale qu'alimentent les ressources extraordinaires dépourvues de destination particulière et une contribution spéciale représentant une portion de la cotisation normale : 10 % dans la première section, 5 % dans les deux autres.

Un bilan technique doit être établi tous les cinq ans pour chaque section ; les résultats de ce bilan peuvent conduire à une augmentation des cotisations ou à une réduction des secours. Une table de survie par sexe et une table de morbidité sont annexées aux statuts-modèles. Nous croyons intéressant de donner de cinq en cinq années le coefficient de morbidité tiré de cette dernière table :

AGE	COEFFICIENT de morbidité	AGE	COEFFICIENT de morbidité	AGE	COEFFICIENT de morbidité
15 ans	4,86	45 ans	6,71	75 ans	16,93
20 —	5,03	50 —	7,57	80 —	19,13
25 —	5,14	55 —	8,85	85 —	21,83
30 —	5,37	60 —	10,49	90 —	23,53
35 —	5,60	65 —	12,52	95 —	25,72
40 —	6,11	70 — ...	14,72	100 —	27,92

Ces chiffres représentent le nombre de jours de maladie par an à l'âge correspondant ; ils sont inférieurs aux chiffres des tables de morbidité de MM. Kinkelin et Janse qui donnent à vingt ans 5,78 et 6,16 et à soixante-dix ans 19,46 et 23,47 (1).

Ainsi les Sociétés italiennes sont dotées de cet outillage dont la mutualité française, on doit l'espérer, sera bientôt pourvue grâce aux efforts combinés de l'initiative privée et des pouvoirs publics.

Au reste, les statuts-modèles italiens n'exigent pas de toutes les Sociétés l'application rigoureuse de ces règles techniques. Ils prévoient le cas où la Société se bornerait à des allocations de maladie sans organiser l'assurance contre la maladie ; ils la dispensent alors de l'établissement d'un bilan technique pour la section correspondante et exigent simplement que le fonds spécial de maladie soit au moins égal à la moitié de la valeur moyenne des dépenses annuelles évaluées sur l'ensemble des cinq dernières années.

D'autre part, les statuts-modèles s'appliquent à toutes les Sociétés de secours mutuels et non uniquement aux Sociétés régies par la loi du 15 avril 1886. Cette loi a prévu la reconnaissance officielle des Sociétés de secours mutuels (2) et attaché à cette reconnaissance le bénéfice de la personnalité civile et diverses immunités fiscales. La reconnaissance n'est subordonnée à aucune vérification technique,

(1) On trouvera ces deux tables dans le *Bulletin de la Prévoyance*, 1903, p. 185.

(2) La statistique la plus récente, publiée dans le numéro d'août 1905 du *Bollettino di notizie sul credito e sulla previdenza*, donne, pour le nombre des Sociétés reconnues au 30 juin 1905 en vertu de la loi de 1886, le chiffre de 1,528. Les chiffres correspondants, au 31 décembre 1897 et au 31 décembre 1902, étaient respectivement 1,166 et 1,369.

mais exclusivement à la conformité des dispositions
statutaires aux prescriptions légales. Ces prescriptions énumèrent limitativement les buts que les
Sociétés sont autorisées à poursuivre, et, si les
objets prévus par la loi comprennent l'assurance
de secours en cas de maladie, d'invalidité ou de
vieillesse, ils ne visent nulle part le service de pensions garanties. Les Sociétés qui désirent être reconnues officiellement doivent donc se borner à procurer
à leurs membres des allocations dont les statuts ne
peuvent fixer que le maximum et dont la valeur
exacte ne saurait être déterminée qu'annuellement
en raison des ressources disponibles.

Le véritable moyen, pour les Sociétés mutualistes
reconnues, d'assurer leurs membres contre le risque
d'invalidité ou contre les conséquences de la vieillesse,
est de recourir à la *Caisse nationale de prévoyance
pour l'invalidité et pour la vieillesse des ouvriers.*

§ 2. — La Caisse de prévoyance.

L'initiative de la création, en Italie, d'une caisse
constituée pour faciliter, sous l'autorité de l'État,
l'obtention de retraites aux travailleurs âgés, est
due au comte de Cavour, ministre du roi de
Sardaigne, Victor-Emmanuel. Un projet de loi présenté en 1858 devint la loi du 15 juillet 1859. En
raison des troubles de la péninsule italienne et en
l'absence de tout encouragement financier de l'État,
la loi ne fut pas appliquée, et ce fut en 1881 que la
question fut reprise par M. Berti, ministre de l'Agriculture et du Commerce, qui, le 30 novembre 1881,
saisit d'un projet de loi le Parlement italien.

Le projet de 1881 fut l'origine de travaux parlementaires qui aboutirent à la loi du 17 juillet 1898 sur la Caisse nationale de prévoyance pour l'invalidité et la vieillesse des ouvriers. Cette loi a d'ailleurs été modifiée par des lois des 7 juillet 1901 et 13 mars 1904.

Aux termes de l'article premier de la loi, la Caisse constitue « un être moral autonome, avec un siège central à Rome et des succursales régionales, provinciales ou communales »; elle a une représentation et une administration propre, entièrement distincte de celle de l'État; ce dernier n'assume à l'égard de la Caisse aucune responsabilité et ne supporte aucune charge en dehors de la surveillance qu'il exerce et du concours financier qu'il prête à la Caisse.

Toute inscription à la Caisse doit être accompagnée de l'option entre deux systèmes : celui du capital aliéné (inscription au rôle de la mutualité), ou celui du capital réservé (inscription au rôle des versements réservés). Cette option n'est pas absolument définitive : ainsi, jusqu'à l'âge de quarante-cinq ans, l'ouvrier et, jusqu'à l'âge de quarante ans, l'ouvrière peuvent, en cas de mariage ou de survenance d'enfants, demander à passer du rôle de la mutualité à celui des versements réservés. Le passage inverse est également prévu. Lors du décès de l'ouvrier inscrit au rôle des versements réservés, le produit de ses contributions et des sommes qui ont pu être versées, soit à son profit, soit en faveur des ouvriers de même catégorie, est remis sans intérêts au conjoint survivant, à ses fils mineurs, à ses filles non mariées et à ses ascendants, pourvu que la demande en soit faite dans les trois ans du décès. Les trois cinquièmes de ces fonds sont remis aux enfants; les deux cinquièmes, au conjoint; la part de celui-ci s'accroît d'un cinquième si les ayants droit se réduisent aux ascendants; en l'absence d'ayants droit, l'intégralité est attribuée au rôle des versements réservés.

Des subventions annuelles sont allouées par la Caisse nationale sous forme de primes d'encouragement, fixées à un maximum de 12 lires par an pour les cinq premières années de fonctionnement de la Caisse. Pour y avoir droit, les affiliés doivent avoir effectué des versements personnels s'élevant à 6 lires au moins, en moyenne, par exercice, depuis leur inscription, et à 6 lires au moins pendant l'exercice précédent.

De plus, la liquidation des comptes individuels ne peut en général être effectuée qu'au bout de vingt-cinq années de versements et à l'âge de soixante ans pour les hommes et cinquante-cinq ans pour les femmes. Toutefois, à titre transitoire, jusqu'au 31 décembre 1905, la Caisse accepte des inscriptions admises à une liquidation anticipée, sans que toutefois cette anticipation réduise à moins de dix années la période légale de vingt-cinq ans; d'autre part, ces « inscrits à période abrégée » doivent verser, avec les intérêts composés, le montant des cotisations arriérées correspondant au nombre d'années nécessaire pour parfaire la période normale. En vue de faciliter aux intéressés l'usage de ces mesures de faveur, le législateur a prévu l'allocation de subventions spéciales. Le minimum de la cotisation arriérée étant fixé à 6 lires, le Conseil d'administration de la Caisse a attribué une prime annuelle de 3 lires au moins et de 6 lires au plus à tout ouvrier qui aurait opéré les versements arriérés pour cinq années au minimum.

Au point de vue qui intéresse spécialement les mutualistes, il semble utile d'insister sur les rapports entre la Caisse nationale italienne et les Sociétés de secours mutuels.

La loi confère aux Sociétés ouvrières de secours mutuels et aux Sociétés analogues qui ont au nombre de leurs buts le service d'allocations de vieillesse et d'invalidité, le droit, d'une part, de verser à la Caisse nationale les fonds qu'elles ont déjà recueillis à cet effet, et, d'autre part, de verser ultérieurement à la Caisse les cotisations acquittées par leurs membres en vue de la constitution de pensions d'invalidité et de vieillesse.

Précisant ces dispositions légales, la circulaire du directeur général, M. Orazio Paretti, du 11 mai 1903, signale que ces Sociétés peuvent obtenir l'inscription collective de leurs membres, lors même qu'un certain nombre d'entre eux — ne constituant toutefois qu'une faible minorité — ne sont pas des ouvriers proprement dits et cela sous réserve du refus aux membres non ouvriers des encouragements financiers de la Caisse. Elle distingue les Sociétés en deux groupes, selon qu'elles se proposent ou non la constitution de pensions ou de secours de vieillesse.

I. — Les premières, lorsqu'elles ont créé un fonds spécial pour les pensions ou qu'elles sont en mesure de déterminer la part du patrimoine social à attribuer au service des pensions, peuvent :

1° Constituer auprès de la Caisse nationale des rentes viagères à jouissance immédiate au profit des membres déjà titulaires d'une pension ;

2° Inscrire tous leurs autres membres avec le droit de liquider les pensions auprès de la Caisse nationale au bout du nombre d'années déterminé par les statuts de la Société, eu égard à leur ancienneté de service : toutefois, en aucun cas, sauf celui d'incapacité permanente absolue de travail, le droit à pension ne peut être reconnu avant l'âge de soixante ans pour les hommes, de cinquante-cinq ans pour les femmes.

Un des avantages essentiels accordés aux Sociétés de secours mutuels consiste dans la réduction de la durée d'inscription normalement imposée pour la liquidation dela pension. Cette durée, fixée en général à vingt-cinq ans, n'est que de neuf, huit, sept... ou même une année pour les mutualistes qui, aux termes des statuts sociaux, ont droit à pension au bout de cette période : l'affiliation des mutualistes à la Caisse nationale ne nuit donc en rien à leurs droits acquis et respecte les titres relatifs de l'ancienneté de chacun.

Cet avantage considérable est acquis au prix d'une cotisation initiale que la Société doit verser à la Caisse nationale avec le fonds spécial destiné à la constitution des pensions ou la part du patrimoine social affecté au même objet. La cotisation initiale est portée sur le compte individuel du mutualiste et doit, avec les cotisations ordinaires annuelles, les subventions ordinaires et extraordinaires de la Caisse nationale, les intérêts et les ressources provenant du fonctionnement de la mutualité, constituer à l'échéance fixée pour les pensions le capital nécessaire. La cotisation initiale doit être déterminée d'après la valeur du fonds spécial des pensions ou de la part du patrimoine correspondant, d'après l'âge et l'ancienneté du mutualiste, le taux et l'échéance de la pension, le montant de la cotisation normale. On peut se rendre compte de l'importance de la cotisation initiale par un exemple basé sur les données suivantes :

L'inscription a lieu au rôle de la mutualité, la pension est de 120 lires à soixante-cinq ans ; la cotisation annuelle normale est de 6 lires ; la subvention ordinaire annuelle de la Caisse nationale est de 8 lires, hypothèse qui n'est nullement exagérée puisque la subvention a été de 10 lires durant les trois dernières années ; la subvention extraordinaire annuelle de la Caisse pour les inscriptions à période abrégée est de 3 lires par année de réduction.

La cotisation initiale est, pour les données de cet exemple, déterminée par les chiffres suivants en raison de l'âge de l'ouvrier lors de l'inscription :

AGE	COTISATION initiale	AGE	COTISATION initiale	AGE	COTISATION initiale	AGE	COTISATION initiale
moins de 88 ans	lires 0	ans 44	lires 83	ans 51	lires 210	ans 58	lires 453
88	14	45	100	52	245	59	501
89	28	46	115	53	274	60	553
40	84	47	132	54	306	61	618
41	48	48	150	55	342	62	687
48	54	49	172	56	373	63	762
48	70	50	195	57	411	64	848

II. — Les secondes peuvent inscrire leurs membres à la Caisse nationale en concourant :

1° Au paiement d'une cotisation annuelle qui doit être établie par avance d'après la situation de l'exercice annuel, tout sociétaire étant d'ailleurs tenu de verser une cotisation qui, ajoutée à celle de la

Société, constitue le minimum de 6 lires auquel est subordonné l'octroi des subventions de la Caisse;

2° Au paiement des sommes arriérées pour les sociétaires âgés de plus de trente-cinq ou quarante ans, selon que l'entrée en jouissance de la pension est fixée à l'âge de soixante ou soixante-cinq ans.

La circulaire précitée du 11 mai 1903 donne dans le tableau suivant le montant des sommes minima (cotisation de 1903 et cotisations arriérées) qui devaient être payées en 1903 pour obtenir l'inscription avec le droit de liquider la pension au bout de vingt-quatre, vingt-trois....., dix années d'inscription et, au plus tôt, à l'âge de soixante ans pour les hommes et de cinquante-cinq ans pour les femmes.

NOMBRE d'années d'inscription	SOMME à payer	NOMBRE d'années d'inscription	SOMMES à payer	NOMBRE d'années d'inscription	SOMMES à payer
	lires		lires		lires
24	12,15	19	46,60	14	88,55
23	18,50	18	54,85	13	97,95
22	25,10	17	62,40	12	107,75
21	32,00	16	70,75	11	117,95
20	39,15	15	79,45	10	128,55

Les avantages précités ne sont pas les seuls que la loi réserve aux Sociétés de secours mutuels : elle prévoit des primes spéciales au profit des mutualistes âgés de plus de cinquante ans qui sont inscrits à la Caisse nationale, indépendamment de la prime normale d'encouragement.

Les limites de cet exposé ne se prêtent pas à l'étude complète de la vaste institution qu'est la Caisse nationale italienne de prévoyance pour la vieillesse et l'invalidité des travailleurs. La loi a, du reste, prévu l'extension possible de ses opérations à d'autres branches d'assurance. C'est ainsi que le décret royal du 22 décembre 1901 a autorisé la création d'une assurance populaire de rentes viagères, qui, d'après les tarifs établis à cet effet, sert des rentes immédiates ou différées à capital aliéné ou à capital réservé depuis l'âge de quarante ans. C'est ainsi également que l'administration de la Caisse se préoccupe d'organiser l'assurance en cas de décès.

Il convient d'ajouter que les organisateurs de l'institution nouvelle ne se sont pas bornés à l'élaboration de réglements et à l'établissement de tarifs, mais que, par la plus active propagande dont l'exemple a été donné sous une forme brillante par M. Magaldi, l'éminent inspecteur général du Crédit et de la Prévoyance au Ministère de l'Agriculture et du Commerce, ils ont cherché à faire connaitre et apprécier par les travailleurs italiens les bienfaits du régime de la liberté subsidiée.

VII

LUXEMBOURG

—

Les Caisses de secours.

L'intérêt particulier que présente l'étude des Caisses de secours luxembourgeoises résulte de la coexistence, dans le Grand-Duché, de Caisses fondées sous le régime de la liberté réglementée et de Caisses fonctionnant sous l'empire de l'assurance obligatoire.

La loi du 11 juillet 1891 a, en effet, prévu l'organisation de Sociétés de secours mutuels susceptibles d'obtenir la reconnaissance légale. Ces Sociétés ont, aux termes de l'article premier de la loi, l'un ou plusieurs des buts suivants :

1º Allocation gratuite des soins médicaux et des médicaments aux sociétaires malades ou blessés, ainsi qu'à leurs familles ;

2º Service d'une indemnité temporaire aux sociétaires durant l'incapacité de travail ;

3º Subvention aux funérailles des sociétaires et de leurs proches ;

4º Allocation d'une indemnité à la famille du sociétaire en cas de décès de ce dernier ;

5º Attribution de secours temporaires et extraordinaires aux sociétaires devenus vieux et infirmes ;

6º Allocation d'indemnités de déplacement aux sociétaires qui sont obligés de changer de résidence ;

7° Service d'indemnités extraordinaires en cas de chômage;

8° Attribution d'indemnités aux sociétaires en cas de mort du bétail ou en cas de dommage causé à la récolte par la grêle ou par d'autres cas fortuits.

La loi, par le deuxième paragraphe de son article premier, interdit formellement aux Sociétés reconnues d'assurer des pensions viagères.

La reconnaissance est subordonnée par l'article 4 de la loi, indépendamment de formalités administratives, à l'inscription dans les statuts d'une clause stipulant qu'il ne sera perçu aucune contribution et qu'il ne sera fait aucun emploi des deniers communs pour des objets non prévus par les statuts. Ceux-ci peuvent d'ailleurs spécifier que les contestations qui s'élèvent au sein de la Société sont toujours jugées par deux arbitres que nomment les intéressés et, en cas de partage, par un tiers arbitre que désignent les deux autres et, à leur défaut, le président de la Société.

La reconnaissance confère à la Société la personnalité civile et la fait bénéficier d'immunités fiscales; les Sociétés reconnues peuvent posséder les immeubles que l'autorité supérieure juge utiles à leur existence et à leur prospérité. Toutefois, la loi ne leur réserve pas le bénéfice des subventions de l'État. Dans son rapport daté du 11 novembre 1900, la Commission supérieure d'encouragement des Sociétés de secours mutuels, créée par arrêté grand-ducal du 22 juillet 1891, constate que jusqu'en 1899 les Sociétés qui n'étaient pas reconnues, mais qui avaient entamé la procédure aux fins d'obtention de la reconnaissance, étaient assimilées aux Sociétés reconnues; cette pratique s'inspirait du désir de rendre hommage aux intentions des Sociétés qui, en sollicitant la reconnaissance, se déclaraient prêtes à soumettre leur gestion au contrôle du Gouvernement; les Sociétés non reconnues participaient également aux subventions, quoique dans une moindre mesure; cependant les Sociétés non pourvues de la reconnaissance légale ont semblé, depuis 1900, ne plus mériter ce traitement de faveur que justifiait à leur égard, dans les premières années d'application de la loi, la nouveauté du régime légal. La Commission ne s'expliquait l'absence de reconnaissance que par le refus, de la part des Sociétés, de présenter leurs statuts et leur gestion au contrôle des autorités compétentes, ou par le caractère des Sociétés qui « n'ont de la mutualité que le nom, en ce sens qu'elles ne réalisent pas l'œuvre d'assistance par soi-même, mais qu'elles sont plutôt des institutions de bienfaisance déguisées sous le manteau de la mutualité (1) », dont le service des allocations statutaires n'est réalisé que par le concours des membres honoraires, par tous autres subsides et en général par des ressources dépourvues de la permanence nécessaire à la régularité de l'attribution des secours. Quant aux Sociétés en instance de reconnaissance, le retard apporté à l'agrément de leurs demandes résultait de la difficulté que les pouvoirs publics rencontraient à les convaincre de la nécessité de la péréquation des ressources et des charges. En tous cas, la gestion d'une Société non reconnue échappait à une surveillance efficace, et ce motif suffisait à exclure l'allocation de subsides officiels en sa faveur.

Dans son rapport relatif à l'année 1894, la Com-

(1) Rapport de la Commission supérieure, 1900, p. 15.

mission supérieure d'encouragement des Sociétés de secours mutuels formulait les observations suivantes qui, en raison de leur importance, méritent d'être analysées : elle rappelait que, « d'après des principes consacrés par une expérience universelle », dans les Sociétés qui allouent la gratuité des soins médicaux et des médicaments, outre le service d'une indemnité pécuniaire de maladie, la cotisation mensuelle des membres participants devait être « très sensiblement » égale à la valeur de l'indemnité journalière de maladie ; elle ajoutait qu'il ne suffisait pas qu'à la faveur de circonstances exceptionnelles, un équilibre momentané, même étendu à toute une suite d'années, s'établit entre les recettes ordinaires (cotisations des membres participants, droits d'entrée, amendes) et les dépenses obligatoires (indemnités pécuniaires, soins médicaux et médicaments, frais funéraires, dépenses d'administration); la Commission insistait sur ce « fait qui, tout naturel qu'il est, n'échappe que trop souvent à l'attention des promoteurs des associations mutualistes », à savoir le caractère de jeunesse, de validité, de résistance à la menace de maladies qui est le propre des participants à l'époque de la création de ces Sociétés; la survenance des infirmités qui accompagnent la vieillesse entraine chez les participants, devenus âgés, une élévation du nombre des malades et de la durée des maladies, alors qu'en regard des dépenses corrélatives à marche croissante, les recettes demeurent invariables et parfois subissent une diminution. La Commission concluait à la nécessité, pour les Sociétés qui se constituaient, de fixer, dès le début, leur cotisation à un chiffre assez élevé pour former une réserve destinée à parer aux insuffisances ultérieures.

En instituant le 31 juillet 1901 l'assurance obligatoire contre la maladie, le législateur luxembourgeois, à l'exemple du législateur allemand, a laissé aux personnes assujetties la liberté de choisir entre un certain nombre de types d'organes d'assurance. Ces organes sont les Caisses de district, les Caisses de fabriques et les Sociétés de secours mutuels reconnues. En principe, tout assujetti appartient à la Caisse de district de sa circonscription; deux exceptions sont toutefois apportées à cette règle : d'une part, pour les travailleurs occupés dans un établissement doté d'une Caisse de fabrique, d'autre part pour les membres des Sociétés de secours mutuels reconnues. De même que l'ouvrier qui travaille dans une usine appartient à la Caisse de maladie de cette usine, de même le sociétaire d'une Caisse régie par la loi du 11 juillet 1891 et légalement reconnue, est dispensé de s'affilier à une Caisse de district ou de fabrique.

La loi de 1901 n'accorde pas à toutes les Sociétés reconnues le caractère d'établissement d'assurance obligatoire contre la maladie; elle le réserve aux Sociétés qui, en cas de maladie ou d'accident, allouent à leurs membres les secours minima prévus par la loi, c'est-à-dire :

a) La gratuité du traitement médical et des médicaments et, en cas d'incapacité de travail à partir du troisième jour, un secours pécuniaire égal à la moitié du salaire, ou l'hospitalisation, combinée avec le service de la moitié du secours pécuniaire à la famille du malade, le tout pendant une durée de treize semaines;

b) Un secours pécuniaire équivalent à celui de maladie pendant quatre semaines pour les femmes en couches;

c) Une allocation funéraire égale à vingt fois le salaire quotidien.

En d'autres termes (1), les assujettis satisfont à l'obligation de l'assurance en étant affiliés à l'une de ces Sociétés, puisque le but du législateur, qui n'est autre que de leur garantir en cas de maladie les secours nécessaires et de les préserver du besoin, se trouve atteint.

La situation des membres d'une Société de secours mutuels est toutefois moins avantageuse que celle des membres d'une Caisse de district ou de fabrique, puisque le patron, normalement débiteur du tiers de la cotisation, ne participe en rien au paiement de la contribution mutualiste. Ce motif explique le petit nombre des assujettis qui ont eu recours aux Sociétés de secours mutuels. Tandis que pour l'année 1903, sur 29,701 personnes assurées contre la maladie, 11,214 appartenaient aux Caisses de district et 18,302 aux Caisses de fabriques, 185 seulement avaient eu recours aux Sociétés mutualistes; le nombre de ces dernières ne dépassait point quatre, alors que l'on comptait 21 Caisses de district et 48 Caisses de fabriques.

Il semble donc que la clientèle des Sociétés de secours mutuels doive se composer presque exclusivement de personnes non soumises à l'assurance obligatoire contre la maladie.

Quant à l'influence de la législation nouvelle sur le développement des Sociétés de secours mutuels reconnues, l'application en est trop récente pour

---

(1) Ainsi s'exprime le Conseiller de Gouvernement L. Kauffman, dans sa très instructive brochure en langue allemande : *Die Krankenversicherung im Grossherzogtum Luxemburg nach dem Gesetze vom 31 Juli 1901.* Luxembourg, Jos. Beffort, 1904.

qu'il soit possible de déduire de statistiques instructives des résultats définitifs, mais il sera fort intéressant de suivre dans l'avenir la participation que l'organe de prévoyance libre prendra au fonctionnement de l'assurance obligatoire.

On ne devra toutefois en tirer de conclusions qu'au point de vue de l'assurance contre la maladie, à l'exclusion du service des retraites, qui est interdit aux Sociétés mutualistes luxembourgeoises.

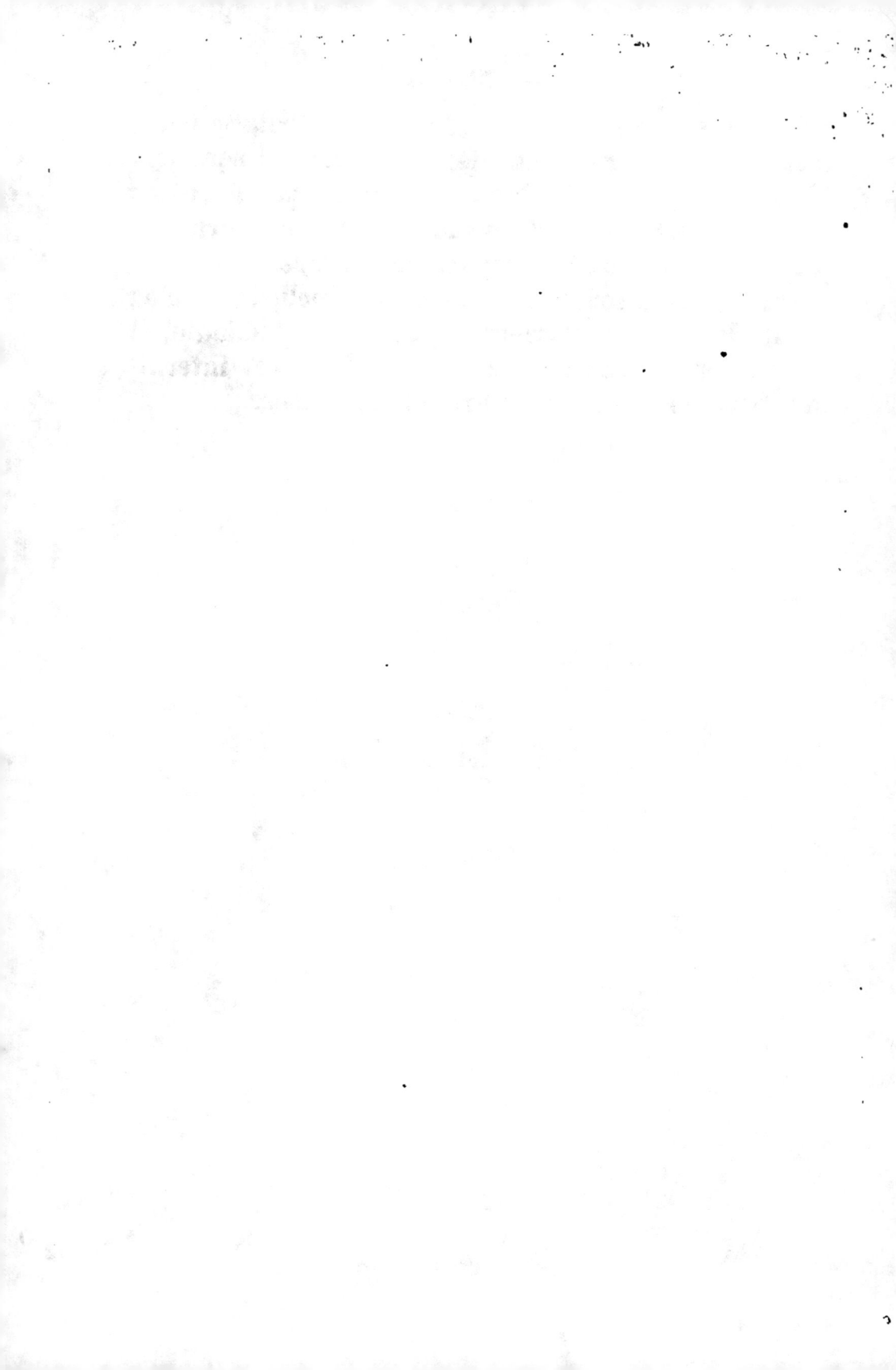

VIII

SUÈDE

Les Caisses de maladie.

En Suède, comme en Danemark (1), les Caisses de maladie fonctionnent sous le régime de la liberté, avec le concours de l'État. Toutefois les éléments de ce régime sont loin d'être les mêmes dans les deux pays. Il suffit de comparer les lois fondamentales qui définissent l'organisation des Caisses pour constater que les prescriptions du législateur suédois n'ont point le caractère circonstancié qui a été signalé plus haut dans la législation danoise.

La loi suédoise du 30 octobre 1891 prévoit, en effet, l'enregistrement des Caisses de maladie, et elle attache à cette formalité des avantages déterminés, mais elle ne subordonne l'obtention de l'enregistrement qu'à des conditions générales, sans préciser la nature ni le taux des allocations à servir.

Les conditions sont les suivantes, aux termes des articles 1er et 4 de la loi :

1o Le nombre des membres doit être de 25 au moins ;

2o Les statuts doivent être conformes à la loi ;

3o La Caisse doit être administrée par un Comité

---

(1) Voir ci-dessus, p. 34.

composé de personnes de nationalité suédoise, au nombre de trois au moins.

L'enregistrement est de droit si les statuts ne sont contraires à aucune loi ni à la constitution; l'article 3 est formel à cet égard.

Les statuts doivent indiquer :

a) Le nom et les objets de la Caisse;

b) Les conditions de participation et d'exclusion;

c) Les cotisations;

d) La nature et le montant des allocations, la durée et les conditions d'obtention des secours;

e) L'organisation administrative de la Caisse, le mode d'élection du Comité et l'étendue de la responsabilité de ce dernier;

f) Le mode de placement des fonds disponibles;

g) Les conditions de modification des statuts;

h) Les cas et la procédure de dissolution de la Caisse.

Toutefois, la loi limite exclusivement au service de secours de maladie et à celui d'allocations au décès les objets des Caisses enregistrées; elle exige en termes impératifs, dans son article 7, la séparation de la Caisse et de toute association qui poursuivrait un but distinct.

D'autre part, la comptabilité des Caisses enregistrées est soumise à des règles déterminées : les comptes et le rapport de gestion du Comité doivent être examinés chaque année par des vérificateurs au nombre de deux au moins, élus dans une Assemblée générale; de plus, le Comité doit rendre compte de sa gestion à l'autorité compétente d'après un formulaire officiel; cette autorité peut, d'ailleurs, procéder à une inspection de toute Caisse enregistrée.

Le concours financier de l'État se manifeste en

raison du nombre des membres de chaque Caisse; une ordonnance royale du 30 octobre 1891 avait d'abord fixé les subventions par membre à 1 couronne(1) de un à cinquante membres, à 50 öre jusqu'à deux cent cinquante et à 25 öre au-dessus de ce nombre, avec maximum global de 300 couronnes; une ordonnance du 27 mai 1898 majora ces subventions en les portant à 1 couronne 50 de un à cent membres, à 1 couronne de cent à trois cents et à 50 öre au-dessus de trois cents, avec maximum total de 1,500 couronnes; une ordonnance du 26 mai 1899 a supprimé ce maximum, mais elle a réduit à 25 öre la subvention par membre, au-dessus de deux mille six cents membres. Pour en bénéficier, une caisse doit, du reste, dans l'année précédente avoir encaissé des recettes propres au moins égales à la subvention qu'elle demande à l'État.

Le résultat de ces sacrifices de l'État s'est traduit par le développement des Caisses de maladie; le nombre des Caisses enregistrées s'est élevé successivement à 221 en 1892, à 344 en 1893, à 477 en 1894, à 572 en 1895, pour atteindre 1,400 en 1900. D'après le rapport officiel daté d'octobre 1903 (2), le nombre des membres était, à la fin de 1900, de 192,742 hommes et de 60,755 femmes; le nombre des jours de maladie avait été en 1900 de 1,404,506. Les recettes, en couronnes, s'étaient élevées à 2,890,192 c. 16, dont 69,019 c. 31 de droits d'entrée et 2,216,958 c. 65 de cotisations. Les subventions de l'État, qui n'étaient que de 37,169 c. 23 en 1895, atteignaient 228,763 c. 72 en 1900. Les dépenses

---

(1) La couronne vaut environ 1 fr. 40; elle comprend 100 öre.
(2) *Registrerade Sjukkassors Werksamhet ar 1900.* Stockholm, 1903.

étaient de 2,377,553 c. 51 dont 1,695,016 c. 63 pour secours de maladie, 312,284 c. 04 pour allocations funéraires et 213,194 couronnes pour frais d'administration.

La loi confère d'ailleurs la personnalité civile aux Caisses enregistrées et le caractère d'incessibilité et d'insaisissabilité à leurs allocations. L'inobservation de la loi entraîne, après un avertissement demeuré sans effet, le retrait de l'enregistrement.

Dans le statut-modèle annexé au commentaire de la législation suédoise, que l'on doit à M. Hans Forssell, les deux hypothèses d'une cotisation variable avec l'âge d'admission et d'une cotisation indépendante de cet âge ont été tour à tour envisagées. Les résultats statistiques obtenus en Suède ont permis de dresser le tableau ci-après :

AGE des SOCIÉTAIRES	NOMBRE ANNUEL de jours de maladie par sociétaire	AGE des SOCIÉTAIRES	NOMBRE ANNUEL de jours de maladie par sociétaire
Au-dessous de 20 ans	1,0	De 50 à 55 ans....	6,6
De 20 à 25 ans....	1,5	De 55 à 60 ans....	8,8
De 25 à 30 ans....	1,8	De 60 à 65 ans....	10,9
De 30 à 35 ans....	3,1	De 65 à 70 ans....	13,1
De 35 à 40 ans....	3,6	De 70 à 75 ans....	1,8
De 40 à 45 ans....	4,9	Au-dessus de 75 ans.	1,0
De 45 à 50 ans....	5,2		

La cotisation supposée variable avec l'âge d'admission devrait être au moins différente, selon que le sociétaire aurait ou non accompli l'âge de 45 ans. La cotisation supposée uniforme devrait être, pour les sociétaires qui entrent jeunes encore, majorée par rapport au taux qui correspondrait à leur âge, afin de constituer une réserve destinée à couvrir les insuffisances qui résulteraient des admissions aux âges élevés.

Eu égard aux données du statut-modèle qui proposait un secours pécuniaire de 1 couronne par jour et en admettant un nombre moyen annuel de six jours de maladie par sociétaire, une cotisation de 12 öre par semaine, soit de 6 couronnes 24 öre par an, aurait suffi, abstraction faite des frais d'administration et de la constitution d'une réserve; aussi le rédacteur du statut-modèle a-t-il recommandé une majoration de 25 % pour la cotisation, qui devrait dès lors atteindre 15 öre par semaine.

D'autre part, M. Hans Forssell a appelé l'attention sur la variation de la morbidité et de la mortalité selon les industries. L'expérience suédoise donnait les chiffres suivants :

INDUSTRIES	NOMBRE annuel de jours de maladie par sociétaire	NOMBRE annuel de décès par cent sociétaires
Mines métalliques......................	7,0	1,5
Mines de houille	6,9	1,9
Usines à fer........................	5,7	0,8
Usines à zinc et à cuivre...............	8,4	1,4
Forges	7,1	2,6
Ateliers mécaniques...................	8,4	1,4
Constructions navales.................	7,8	1,2
Fabrication d'armes..................	7,0	1,0
Exploitation forestière et flottage des bois..	0,1	0,1
Scieries	5,0	0,8
Chantiers de bois...	5,1	1,3
Menuiserie.........................	5,2	1,3
Travail du liège	1,5	»
Taille et polissage des pierres...........	7,7	»
Fabrication de chaux et de ciment	8,3	1,1

INDUSTRIES *(Suite)*	NOMBRE annuel de jours de maladie par sociétaire	NOMBRE annuel de décès par cent sociétaires
Fabrication de la porcelaine...............	14,7	2,0
Verreries.................................	2,9	1,5
Industrie du bâtiment....................	4,2	1,9
Peinture et vitrerie	4,4	2,4
Fabrication du gaz.......................	5,8	2,1
Fabrication des allumettes...............	8,1	0,9
Filature et tissage	4,5	0,7

La place fait ici défaut pour reproduire la série complète des données qui ont été recueillies dans les industries suédoises. Il convient du moins de signaler que le chiffre de six jours de maladie ne s'applique qu'à la moyenne générale et que, par suite, la cotisation calculée sur cette base devrait être modifiée selon le taux de morbidité de telle ou telle industrie.

Il devrait en être de même pour les allocations au décès; mais, comme les variations de la mortalité sont notablement moindres que celles de la morbidité et que, pour très peu de professions, le nombre annuel de décès excède deux par cent sociétaires, le rédacteur du statut-modèle a cru pouvoir proposer une cotisation annuelle d'une couronne pour une allocation de 50 couronnes au décès.

Il n'est pas sans intérêt de signaler que la statistique des Caisses de maladie a servi de base à une modification de la loi du 5 juillet 1901 sur les accidents du travail. Cette loi, qui a posé le principe du risque professionnel avec liberté de l'assurance et institution d'une Caisse d'État à laquelle les patrons assujettis peuvent avoir recours pour se couvrir des charges nouvelles, avait toutefois limité le rôle de la Caisse d'État aux accidents graves ; elle avait exclu les accidents qui n'entraînent pas plus de soixante jours d'incapacité de travail. Afin de pouvoir lutter contre la concurrence des Sociétés d'assurance privées, qui consentent des contrats d'assurance pour toutes les catégories d'accidents, la Caisse d'État a obtenu du législateur, le 3 juin 1904, l'extension de son domaine d'action aux petits accidents. La statistique ci-après, empruntée à l'expérience des Caisses de maladie en 1899 et 1900, a donné les taux de prime qui permettent d'apprécier les charges probables de la Caisse d'État afférentes aux incapacités de travail de soixante jours et au-dessous :

INDUSTRIES	PRIME	
	en 1899	en 1900
	cour.	cour.
Ateliers mécaniques......................	2,30	2,51
Imprimerie et reliure...................	0,66	1,12
Scieries...............................	2,52	2,14
Industrie textile......................	1,09	0,83
Fabrication du papier..................	1,32	1,28
Fabrication du gaz....................	1,86	1,41
Menuiserie............................	1,49	2,20
Fabrication du ciment.................	1,47	2,69
Brasserie.............................	1,83	1,85

Il n'est pas douteux que, grâce à cette réforme, la Caisse d'État ne prenne, sous la direction de son chef éminent, M. J. May, un puissant essor. Mais ce recours à l'expérience des Caisses de maladie n'implique point la participation de ces Caisses à l'application de la loi sur les accidents du travail. Le législateur suédois n'a pas, en effet, prévu pour les patrons le recours aux Sociétés de secours mutuels dans des conditions analogues à celles que définit la loi française du 9 avril 1898. Il ne semble donc pas que la législation de 1901 doive exercer une influence sur le développement ultérieur des Caisses suédoises de maladie.

IX

SUISSE

Les Sociétés de secours mutuels de Genève.

La Suisse n'est dotée d'aucune loi organique sur les Sociétés de secours mutuels. Les Sociétés mutualistes sont des associations qui se créent, s'administrent et parfois se dissolvent en dehors de toute intervention des pouvoirs publics; la plupart même n'ont aucune existence légale; elles ne peuvent donc ester en justice.

Au surplus, M. Le Cointe, membre du Grand-Conseil de Genève, a pu signaler devant cette Assemblée l'étrange anomalie par laquelle une loi fédérale du 25 juin 1885 soumet à une surveillance étroite les entreprises privées en matière d'assurance contre les accidents, l'incendie, les risques de transport ou de décès, tandis que les nombreuses Sociétés d'assurance mutuelle contre la maladie qui recueillent le fruit de l'épargne ouvrière échappent à toute réglementation.

La législation cantonale, avant l'initiative particulièrement intéressante de Genève, en 1903, ne contenait que des mesures isolées, telles que l'obligation, pour toute commune de Saint-Gall, de créer une caisse de maladie, et l'injonction adressée par le législateur de Thurgovie aux Sociétés mutuelles, comme aux institutions charitables, de déposer leurs fonds (titres ou espèces) chez le notaire dont l'État est responsable.

La loi genevoise du 27 mai 1903, votée sur l'initiative de M. Le Cointe, a pour but d'organiser les Sociétés de secours mutuels contre la maladie avec le concours de l'État, en subordonnant le bénéfice de ce concours à un fonctionnement rationnel des Sociétés subventionnées. Comme l'exposait M. Micheli, le très distingué rapporteur de la majorité de la Commission du Grand-Conseil, « l'obligation étant écartée, l'action de l'Etat doit naturellement s'exercer par un appui donné aux Sociétés libres de secours mutuels qui, depuis bien des années, se sont faites, avec un dévouement, une activité et une persévérance remarquables, les propagatrices de l'assurance »; mais il ajoutait que « cet appui ne doit pas être pour les Sociétés qui en bénéficient un oreiller de paresse, un simple supplément de ressources qui ne serait compensé par aucune prestation de leur part ».

Ces mots suffisent à préciser le but du législateur et l'économie de la loi.

La loi garantit, pendant dix ans au moins, une subvention de 2 fr. 50 par an et par membre aux Sociétés de secours mutuels en cas de maladie, mais elle subordonne l'octroi de cet avantage à trois conditions :

1° Les cotisations ou les droits d'entrée doivent être proportionnés à l'âge d'entrée suivant une progression adoptée par le Grand-Conseil ;

2° Chaque Société doit établir un bilan annuel détaillé dans lequel les charges et les recettes futures sont évaluées d'après la table de morbidité qui aura été adoptée ;

3° Les sociétaires doivent être assurés contre la maladie pendant six ans au moins, et les indemnités ont pour origine au plus tard le quatrième jour de la constatation de la maladie.

La première de ces conditions est l'expression d'une règle fondamentale de l'assurance contre la maladie. La Commission française de comptabilité statistique et financière des Sociétés de secours mutuels l'énonçait d'une manière générale dans les conclusions qui terminaient le rapport, devenu classique, de M. Léon Marie : « Les cotisations doivent être graduées suivant l'âge du participant à son entrée dans la Société. Cette graduation peut se faire par année ou par groupe d'années. Au point de vue théorique, on pourrait admettre une cotisation uniforme pour tous les sociétaires, indépendamment de leur âge d'admission, à condition d'établir des droits d'entrée compensateurs. » La tolérance prévue quant à la substitution de groupes d'âges aux âges successifs se retrouve d'ailleurs dans la loi de Genève.

Cette loi, en imposant la deuxième condition, a prévu le cas où le bilan ne se serait pas soldé en équilibre lors de l'entrée en vigueur du nouveau régime ; elle a conféré à l'autorité cantonale le droit d'accorder un délai pour la réalisation de la péréquation des ressources et des charges. Au reste, la permanence de l'équilibre est sauvegardée par une disposition de la loi, qui ne permet de procéder qu'à l'expiration de périodes quinquennales à une réduction des cotisations et des droits d'entrée ou à une augmentation des secours.

La table de morbidité qui doit servir de base à l'établissement du bilan technique pourra être corrigée, s'il y a lieu, à l'aide des statistiques que les

Sociétés sont obligées de dresser pour être admises au bénéfice de la loi ; celle-ci dispose, en effet, que les Sociétés doivent établir et tenir à jour une statistique du nombre des journées de maladie à chaque âge des sociétaires. En attendant l'obtention de ce résultat, l'éminent promoteur de la loi, M. Le Cointe, a réuni les éléments d'une table qui sera du plus précieux secours pour la mutualité suisse.

La loi de 1903 n'est pas restée lettre morte : pour en faciliter l'application, un modèle de bilan technique a été dressé sous la forme suivante :

Un premier tableau donne :

1° Le compte rendu financier indiquant, aux recettes, les cotisations, les intérêts, les amendes, les droits d'entrée, les dons, les ressources diverses, et aux dépenses, les secours en argent, les frais de médecin, de pharmacien, d'hôpital, de bains, les secours divers, les indemnités de maladie, les frais d'administration, les imprimés et les dépenses diverses ;

2° L'excédent des recettes sur les dépenses ou l'excédent des dépenses sur les recettes ;

3° Le capital au début et à la fin de l'exercice, et la constitution de ce capital.

Un second tableau présente le relevé par âge du nombre des sociétaires, du nombre des malades et du nombre des journées de maladie ; deux colonnes sont réservées, l'une aux chiffres de la table de morbidité, l'autre au produit de ces chiffres par le nombre des membres de l'âge correspondant ; la comparaison du total de ces produits avec le total des nombres de journées de maladie doit permettre, au bout de quelques années, l'appréciation du degré d'exactitude des résultats du bilan et la modification éventuelle de ces résultats.

Un troisième tableau donne le bilan de l'année calculé au taux de 3 1/2 % d'après les tables de Kinkelin. Ce tableau, qui doit être dressé séparément pour chaque sexe, indique, à chaque âge, le nombre de sociétaires, la cotisation mensuelle, la valeur actuelle, selon les cas, de la douzième partie des cotisations ou d'une cotisation annuelle de 1 franc, la valeur actuelle d'un secours de maladie de 1 franc par jour et celle d'une somme au décès de 100 francs.

Les tables de Kinkelin donnent les résultats qui sont présentés ci-dessous de cinq en cinq années :

AGE	VALEUR ACTUELLE			AGE	VALEUR ACTUELLE		
	d'une cotisation annuelle de 1 fr.	d'un secours de maladie de 1 fr. par jour	d'une somme au décès de 100 fr.		d'une cotisation annuelle de 1 fr.	d'un secours de maladie de 1 fr. par jour	d'une somme au décès de 100 fr.
ans	fr.	fr.	fr.	ans	fr.	fr.	fr.
16	21,008	144,37	28,655	55	11,513	173,30	61,067
20	20,831	149,31	31,246	60	9,815	168,19	66,708
25	19,434	146,14	34,314	65	8,229	159,40	72,171
30	18,409	151,51	37,747	70	6,695	146,87	77,862
35	17,296	158,49	41,510	75	5,346	132,72	81,921
40	16,029	165,30	45,795	80	4,106	117,74	85,111
45	14,693	170,84	50,516	85	3,309	101,80	88,811
50	13,103	173,67	55,689	90	2,516	89,70	91,492

Un quatrième tableau présente la récapitulation, d'une part, des ressources constituées par l'addition du capital (à la date d'établissement du bilan) à la valeur actuelle des cotisations futures, et, d'autre part, des charges comprenant la valeur actuelle des indemnités futures et la valeur actuelle des sommes allouées au décès; ce même tableau fait ressortir l'excédent des ressources sur les charges ou des charges sur les ressources.

Un dernier tableau sert à comparer les résultats du bilan de l'exercice à ceux des exercices précédents.

L'étude de la loi genevoise de 1903 n'est pas seulement instructive par le régime de subventions qu'elle a institué et par le cadre de bilan technique dont elle a provoqué l'établissement. Elle permet, en outre, de constater la nouvelle orientation de la législation suisse en matière d'assurance ouvrière. L'idée de recourir au système de la liberté subsidiée ne paraît pas, en effet, devoir se limiter au canton de Genève. Depuis le rejet, par le vote populaire de 1900, des propositions de loi sur l'assurance obligatoire contre les accidents et la maladie, les partisans de la liberté de l'assurance ne sont pas restés inactifs. Dans une remarquable étude sur les Sociétés de secours mutuels et leur organisation technique, M. Le Cointe rappelait les inquiétudes que l'assurance obligatoire avait provoquées chez les mutualistes suisses, « qui, dans l'assurance officielle, voyaient sombrer leur organisation si populaire et si bienfaisante »; il demandait que les Sociétés mutuelles fussent nettement séparées du domaine de l'assurance obligatoire et que celle-ci fût « restreinte aux imprévoyants, aux indigents et aux malades, c'est-à-dire à ceux qui ne veulent ou ne peuvent pas faire partie des Sociétés de secours mutuels ».

Il semble que l'idée de la séparation de l'assurance contre les accidents et de l'assurance contre la maladie, et la conception du développement de cette dernière assurance par une décentralisation qui attribuerait aux cantons une subvention fédérale au profit des Sociétés de secours mutuels, gagnent chaque jour du terrain non seulement dans l'opinion publique, mais encore auprès du pouvoir central. D'une part, dans la séance du Conseil national du 11 juin 1902, M. Calame-Colin, député de Neuchâtel, et M. Bossy, député de Fribourg, se référant au projet genevois dont est sortie la loi du 27 mai 1903, ont invité le Conseil fédéral à élaborer une loi en vue de subventionner les Sociétés libres de secours mutuels. D'autre part, les délégués de ces Sociétés, réunis à Olten le 30 novembre 1902, ont voté une proposition dans le même sens.

Si l'organisation de l'assurance ouvrière se réalise sur ces bases dans l'ensemble de la Suisse, on en devra reporter l'honneur à l'initiative du législateur du canton de Genève.

X

LES ENSEIGNEMENTS DE LA MUTUALITÉ
A L'ÉTRANGER

Ce n'est point le vain désir de faire étalage d'une érudition à la portée de tous les polyglottes qui m'a déterminé à présenter le tableau successif des œuvres mutualistes dans un certain nombre de pays étrangers.

C'est le souci de chercher, pour la mutualité, des enseignements fournis par quelques exemples dont le nombre restreint n'épuise pas la question, mais dont le caractère peut sembler instructif.

La première constatation qui s'impose est l'universalité de l'aide mutuelle, basée sur le rapprochement des hommes en même temps que sur celui des cotisations. Partout la crainte de redoutables éventualités, la préoccupation de combattre les effets parfois redoutables d'un hasard aveugle, la sympathie qu'éveille le spectacle de malheurs immérités, conduisent les hommes à associer dans une œuvre commune de défense et de réparation leurs ressources et leurs cœurs.

Mais ce n'est pas à l'admiration des généreux élans de la fraternité humaine que doit se borner la leçon à tirer de l'étude de la mutualité étrangère : pour atténuer les conséquences de coups inévitables, il ne suffit pas de se grouper en une « ligue d'amour »; il faut, en outre, s'équiper et s'armer pour répartir ces chocs sur une base étendue qui les divise et, de la sorte, les rende inoffensifs. L'arsenal qui contient les instruments de combat est construit et doté par la science actuarielle : sans fournir à elle seule toutes les ressources dont le mutualiste doit être pourvu, la technique de l'assurance est pour lui la condition nécessaire du succès. Partout où les règles de cette technique ont été méconnues, partout où les conseils de l'actuaire ont été négligés, les sacrifices les plus lourds et les plus spontanés, les libéralités les plus larges et les plus opportunes, les efforts les plus audacieux et les plus persévérants n'ont pas suffi à combler le gouffre creusé par l'imprévoyance de prévoyants sans boussole.

Si l'étude de la mutualité étrangère est féconde en résultats instructifs, il est éminemment désirable que ces enseignements puissent être l'objet de perpétuels échanges entre les mutualistes de tous les pays : les uns y trouveront le perfectionnement des institutions qu'ils possèdent ; les autres, une source de création des organes qu'ils ont conçus sans avoir pu en obtenir la réalisation effective ; ceux mêmes qui sont justement fiers de l'ancienneté et de l'étendue de leurs œuvres, pourront s'inspirer des méthodes ou de l'histoire de leurs voisins pour faire assumer, par la mutualité toujours plus forte, des tâches toujours accrues en complexité et en étendue.

C'est à ce besoin que cherchaient à répondre ceux qui, dès le Congrès de 1900, jetaient les bases d'un organe permanent de la mutualité internationale. A ce Congrès (1), M. Cavé, d'une part, faisait adopter

---

(1) Voir *Compte rendu des travaux du premier Congrès international de la mutualité*, p. 321.

sans discussion le vœu suivant : « Le Congrès, considérant qu'il importe aux progrès de la mutualité internationale d'entretenir et de maintenir les liens d'affectueuse et cordiale estime nés de ce Congrès, émet le vœu qu'un Comité international des institutions de prévoyance, émanant de l'élection, soit organisé avant la séparation du Congrès. » D'autre part, M. Renaudière, délégué de l'Union nationale des Fédérations neutres de Belgique, et M. Marignan, délégué de la Dotation de la Jeunesse de France, obtenaient le même succès pour un vœu aux termes duquel « des rapports réguliers et permanents » devaient « s'établir entre les mutualités du monde entier », le bureau du Congrès étant chargé « de se mettre en rapport avec les représentants autorisés desdites mutualités, en vue de constituer un Bureau international de la Mutualité ».

L'idée, émise pour la première fois en France, devait s'y affirmer et en même temps se propager chez nos voisins. A Paris M. Keller, à Florence M. Abbiate, s'en faisaient les apôtres.

Le troisième Congrès national de la mutualité italienne votait le texte suivant :

« Le Congrès, considérant que l'accord des Associations mutuelles de tous les pays est facilité par l'existence, aujourd'hui réelle dans la majeure partie des États, d'Unions nationales et régionales, préludes de la constitution d'une Fédération internationale;

« Reconnaît et déclare opportun, possible et grandement profitable un accord international entre les Sociétés de prévoyance mutuelle, et prie la Commission exécutive de la Fédération italienne des Sociétés de secours mutuels de vouloir bien s'entendre avec les Unions nationales et régionales étrangères, afin d'organiser une conférence où, entre les délégués des organisations mutuelles des divers pays et les apôtres les plus valeureux de la mutualité, seront posées les bases et établie la forme constitutive de la Fédération internationale de la Mutualité. »

Aussi le deuxième Congrès international de la mutualité, réuni à Liège en août 1905, était-il préparé à consacrer une fondation dont la cause avait gagné tous les esprits avant de revêtir une forme précise et concrète.

Un exemple de la nécessité des échanges d'idées entre les mutualistes de tous les pays fut, d'ailleurs, donné à Liège dans les termes les plus brillants par le rapport de M. Scheere sur la statistique de la mutualité : les lacunes de la plupart des statistiques, opposées aux qualités de la statistique autrichienne, suffisaient à montrer le précieux contingent que peut apporter l'examen des travaux étrangers. C'est, en effet, à la suite de ce rapport que, dans la séance du 6 août 1905, le Congrès de Liège fut saisi d'un projet de création d'un Bureau international de la Mutualité. Sur la proposition de M. de Pierpont et avec l'adhésion de MM. Abbiate pour l'Italie et Mabilleau pour la France, cette création fut décidée par le Congrès. « C'est, dit M. Mabilleau, d'accord avec les associations mutualistes de France que nous avons demandé que le Bureau international fût créé en Belgique et par la Belgique. Vous êtes un pays de liberté, mais vous savez en user avec méthode. » Et il ajouta : « Formons un Comité d'études pour l'entente internationale de tous les mutualistes du monde. »

Telle fut la genèse du *Bureau permanent inter-*

national d'études et de statistique mutualistes.
Aux termes de ses statuts, le Bureau a son siège à Bruxelles : son but est quadruple, il comprend :

1º La réunion de tous les renseignements sur les institutions de prévoyance du monde ;

2º La publication, soit directe, soit indirecte, par l'intermédiaire des instituts sociologiques, des documents qui comportent une diffusion immédiate ;

3º L'organisation de la bibliographie internationale de la mutualité, de concert avec l'Institut international de bibliographie ;

4º Le concours à la préparation des Congrès internationaux de la mutualité.

Le Bureau est placé sous le patronage d'un Comité d'honneur composé de personnalités ayant rendu des services éminents à la mutualité.

Le Bureau est dirigé par un Comité international composé, pour chaque pays, d'un délégué au moins et de cinq au plus. Ces délégués sont nommés par les grands groupements mutualistes de chaque nation ; chaque gouvernement peut, en outre, désigner un représentant auprès du Bureau. L'organe exécutif du Comité est un bureau qui doit se composer de membres résidant en Belgique et opérer avec le concours de l'Office du travail ; ce bureau comprend pour le début de son fonctionnement les membres du bureau du Congrès international de Liège : il a pour président M. du Sart de Bouland, pour vice-présidents MM. Tumelaire et de Pierpont, pour secrétaire général M. ver Hees.

La présidence d'honneur du Comité a été dévolue à M. Francotte, ministre belge du travail, et à M. Millerand, ancien ministre français du commerce.

La présidence a été attribuée à M. Léopold Mabilleau, président de la Fédération nationale de la mutualité française ; le Comité comprend, en outre :

Pour l'Autriche, M. Brod ;

Pour la Belgique, MM. Dubois, du Sart de Bouland et t'Kint de Roodenbeke ;

Pour la Bolivie, M. Baraud-Chasteauneuf ;

Pour la France, MM. Arboux, Cavé, Jean Hébrard, Nautré ;

Pour l'Italie, MM. Abbiate, de Angeli, Maffi, Magaldi, comte Sabini ;

Pour le Luxembourg, MM. Ludovicy et Neuman ;

Pour la République Argentine, MM. Belisario Montero et de Glymes de Hollebecque ;

Pour la Suisse, MM. Correvon, Lautenschlager et Stoessel.

L'absence des représentants de l'Allemagne s'explique (1) par celle des deux délégués MM. Simanowski et Albert Kohn, retenus à l'assemblée annuelle de Dresde.

Les documents qui consacrent les travaux du Congrès de Liège montrent d'ailleurs que, dans les débats dont est sortie la fondation de ce Bureau international, M. Abbiate a présenté comme un desideratum la constitution d'une mutualité internationale, et, à cet effet, la création d'une « Fédération internationale comme terme logique de l'évolution de la mutualité et gage de paix universelle ». De son côté, M. Mabilleau préconisait « une Fédération de patries » : « Nous ne voulons pas, disait-il, faire une nation au-dessus des nations, mais un lien d'humanité, de fraternité et d'amour. Les Congrès internationaux

(1) Voir l'*Arbeiterschutz* du 16 septembre 1905, p. 827.

peuvent être les étapes d'une route qui conduira peu à peu à la fraternité universelle. »

Quel que soit l'avenir de ces généreuses pensées, il n'est pas téméraire d'affirmer que, limité aux objets définis par ses statuts et dirigé par les hautes personnalités dont il s'est ménagé le concours, le Bureau international est appelé à faire œuvre pratique et utile et que, sous un tel patronage, la mutualité voit s'ouvrir dans tous les pays une ère nouvelle de grandeur et d'activité grâce à l'union toujours plus intime et toujours plus féconde de la science et de la philanthropie.

TABLE DES MATIÈRES

1887. — Bordeaux. — Imp. de l'Avenir de la Mutualité.

www.ingramcontent.com/pod-product-compliance
Lightning Source LLC
Chambersburg PA
CBHW070117300326
41934CB00035B/1424